너의 변명은 최고의 예술

Original Japanese title: KIMI NO IIWAKE WA SAIKO NO GEIJUTSU
Copyright ⓒ 2019 Tahi Saihate
Illustration by TOMBOSENSEI
Original Japanese edition published by KAWADE SHOBO SHINSHA Ltd. Publishers
Korean translation rights arranged with KAWADE SHOBO SHINSHA Ltd. Publishers
through The English Agency (Japan) Ltd. and Danny Hong Agency
Korean translation rights ⓒ 2022 by Wisdom House, Inc.

이 책의 한국어판 저작권은 대니홍 에이전시를 통한 저작권사와의 독점 계약으로 (주)위즈덤하우스에 있습니다.
저작권법에 의해 한국 내에서 보호를 받는 저작물이므로 무단 전재와 복제를 금합니다.

너의 변명은
최고의
예술

사이하테 타히 지음
정수윤 옮김

위즈덤하우스

목차

친구는 필요 없다 7 } 우타다 히카루에 대하여 12 } 첫술이 제일 맛있어 17 } 가드닝 부조리 20 } 친구와 즐거운 시간을 보내기 위해 짜낸 악의에 대하여 24 } 과거에 없는 것 28 } 상냥함의 천재가 아닌 나 31 } 감정의 오락성 36 } 운동신경 미완성적 자아 39 } 인터넷은 강이고, 너는 돌이다 42 } 공유하기 위한 말 44 } 최강이므로 최강입니다 47 } 외로워지고 싶다 50 } 리얼리티 윤회전생 54

POP이란 사람을 뛰어넘는 일이란 걸 알게 되었다 57 } 부적절한 말이 입력되었습니다 61 } 인간은 모두 조금씩 픽션 63 } 지상은 시끄러워 67 } 좋아하는 일로 먹고사는 건 행복한 불행 70 } 노 컨티뉴 다이어리 75 } 네거티브 극치로, 포지티브를 향해 79 } 가벼운 네가 되길 83 } 더는 없을 추억 90 } 일상이 싫어 94 } 10대에 공감하는 녀석들은 모두 거짓말쟁이 98 } 미래와 과거와 현재와 언어와 사진과 험담 102 } 잘 모르는 정도가 딱 좋다 106 } 재능, 노력, 동경 다 멋진걸 110 } 프로페셔널 룰 114 } 세계는 불친절한 이야기 117 } 아이스크림 인 겨울 120

만듭시다 만듭시다 만듭시다 125 § 지금 이 순간만을 사는, 음악 128 § 제대로 미움받고 싶다 133 § 너도 그 아이도 콘텐츠 139 § 인간은 자신이 귀엽다는 사실을 제대로 알아야 하며 143 § 그건 결국 무슨 이야기였을까요 146 § 아무튼 친하게 지내고 보는 친구 149 § 맨발 153 § 별이, 인간이, 아름다움을 사랑한다면 156 § 배부름의 노스탤지어 160 § 다들 상냥하구나 163 § I like it 167 § 내가 '우리'였을 때 170 § 너의 변명은 최고의 예술 176 § 나가는 말 180

언어는 너의 생중계 185 § 계절도 나의 일부 187 § 밤샘을 권하다 190 § '지금 살아 있다' 주株 급상승 192 § 시부야 194 § 나는 24시간 196 § 좋은 사람이란 일기 199 § 언어는 표정 204 § "다들 너무 싫다"고 하는 사람이 좋다 206 § 문고판 후기 208

* 일러두기
· 본문의 각주는 모두 역자 주다.
· 문고판으로 만들면서 단행본 발매 시 '특별 소책자' '서점 POP'에 실었던 에세이 및 「문고판 후기」를 새롭게 수록했다.

친구는 필요 없다

　7월은 초등학교 친구의 생일이 있는 달이었다. 문득 생각났는데 그 아이하고는 완전히 연이 끊어져버렸다. 누군가를 오래 사귄다는 건 어려운 일이고 기적이라 할 만하지만, 인연이 끊어진다 해도 그건 그것대로 괜찮다고 생각한다. 그 친구의 성격이나 얼굴도 이제는 다 잊어버렸고, '저기쯤 그 애가 사는 집이 있었지' 하는 정도밖에 기억나지 않는다. 이런 감정을 두고 쓸쓸하다고 하는 건 어쩐지 오만하다는 생각도 든다. 더는 만날 일이 없고 대화를 나눌 일도 없는, 과거에 친구였던 사람, 이라는 존재는 고향의 폐관한 미술관처럼 내 안에서 찬란히 빛나고 있다.

    인간이란 굿바이 해나가는 존재다. 영원히 친구가 될 수 있을 거라는 착각은 안도감도 평온함도 주지 못한다. 괴롭기만 해. 혼자 살아갈 수 있다는 건 아니지만, 그렇다고 반드시 많은 사람과 사이좋게 지내야 하는 것도 아니다. 맛있는 음식을 먹는 날이 있으면 그렇지 않은 날도 있듯, 인간을 대할 때도 좋은 날이 있으면 그렇지 않은 날도 있다. "타인을 존중하십시오." 자주 듣는 말인데, 그래도 나는 역시 타인과 나를 동등한 존재로 볼 수는 없다. 속으로 무슨 생각하는지 알 수가 없고, 감정은 표정만으로 짐작해야 하니 너무 지친다. 저 생명체는 대체 뭘까. 늘 그런 생각을 한다. 인간에게는 인간조차 어느 정도는 소품이다. 그러니 멀어지든 가까워지든 원하는 대로 하십시오. 나는 그렇게 정했다. 아주 친하다고 생각하는 지인과는 2년에 한 번 정도 연락한다. 마지막으로 만난 건 3년 전이었다. 아마도 그 친구와는 아직 연이 끊어지지 않았겠지만 대충 그 정도고, 이대로 끊어진다 해도 쓸쓸하지 않다. 사실 쓸쓸함은 거기 없다. 애초에. 그런 관계성이 얄팍하다는 사람도 있겠지만, 얄팍해서 딱 좋은 사람도 있고, 그게 아마 나다. 늘 붙어 다니며 같이 있어야 한다니. 그거야말로 그냥 지옥 아닌가요.

'외롭다'는 감정은 누가 옆에 있고 없고 하는 것과는 상관이 없다. 스스로 편안한 리듬으로 고독해질 수 있고, 또 그 고독을 멈출 수 있는지가 훨씬 더 중요하다. 자신이 좋다고 느끼는 상태를 얼마나 유지할 수 있느냐. 외로움은 그 상태가 무너질 때 찾아온다. 내가 가장 외로웠던 건 학교에 다닐 때였다. 너무 지쳐 있었기 때문이다. 반 아이들과 매일 얼굴을 마주했고, 여러 친구가 있었으며, 문제없이 친하게 지냈지만, 고독은 끊임없이 나를 찾아왔다. 집에 가서도, 자려고 누워도, 어딜 가든 누군가와의 관계라는 흔들리는 수면 위에 내가 서 있었다. 하루하루가 불편했다. 그런 상태라면 결국은 타인에게서 떨어져 '혼자' 존재할 수밖에 없다. 태어났을 때와는 다른 모습. 중립적인 감각은 아니었다. 나라는 사람이 훨씬 더 큰 것의 일부로밖에 기능하지 않는다는 감각이었다. 그럼에도 나는 내 위주로만 보고 들었다. 그런 내가 타인의 소유

물이 된 것만 같다는 생각에 '외로움'이 몸에 들러붙어서, '아아, 친구는 필요 없어'라고 진심으로 생각하게 되었다. 그렇다고 친구가 한 명도 없기를 바란 건 아니지만.

　남에게 얼마만큼 다가갈 수 있고, 남과 얼마만큼 같이 있을 수 있는지, 그런 건 정말로 성격 문제라고 생각한다. 나는 늘 나를 혼자 내버려두기 바랐다. 우선은 그걸 납득하지 못하면 나와 친구가 될 수 없다. 그래서 학교 때 친구와는 인연이 거의 다 끊어졌다. 그럼에도 그런 거지 뭐, 하고 냉정을 유지하고 있다. "외롭지 않아?" 하고 묻는 사람도 있다. 하지만 예전에 비하면 외로움을 느끼는 일은 없다. 사귀기 어려운 사람이라거나, 인간을 싫어하는 사람이라거나, 냉정한 사람이라는 말을 듣지만, 누군가와 함께하는 모든 순간이 괴로운 건 아니다. 귀찮을 때는 귀찮다고 말할 뿐이다. 다른 사람들은 안 그럴까. 다들 누군가와 쭉 같이 있는 게 아무렇지도 않을까. 아마도 나는, 어느 누구와도 접점이 없는, 완전히 고립된 생활을 해본 적이 없기 때문에 외톨이가 되는 데 공포심이 없는 것이리라. 그 대신 필요 이상으로 누군가와 함께 있는 게 지친다. 그뿐이다. '냉정하다'는 말은 아마도 가치관의 불일치에서 발생할 텐데, 그렇다면 나도 지금 이 사람을 '냉정하다'고 생각하고 있나. 하긴 바로 이런 게 귀찮은 건지도 모르지, 라는 생각도 해보는 7월이다.

우타다 히카루에 대하여

　애플TV 시리에 대고 "우타다 히카루♥ 틀어줘" 하고 말하고 나서 5분쯤 후에 갑자기 이런 생각이 들었다. 우타다 히카루에 대한 글을 제대로 한번 써야 한다. 우타다 히카루가 데뷔했을 때, 나는 초등학생이었다. 음악을 잘 몰랐고 츠타야♥♥라는 시스템도 아직 파악하지 못하고 있었다. 유행에 민감한 편이 아니라 단체 여행 때 버스에서 트는 음악 같은 걸 듣고, 지금은 KinKi Kids라는 듀오가 인기라거나, SMAP이라는 그룹

♥ 1990년대 말부터 활동한 일본 싱어송라이터.
♥♥ 일본 전국에 분포한 영화, 음악, 도서 대여점.

이 반에서 화제라는 정도밖에 알지 못했다. 우타다 히카루는 그런 나의 어린 시절에 등장했다. 그리고 내가 처음으로 앨범을 산 아티스트였다.

나의 시에 이런 문장이 있다.

우타다 히카루의 노래를 들으며 학교 운동장 냄새가 떠오른다면, 너의 유년은 아름답다.

— 시집 『밤하늘은 언제나 가장 짙은 블루』 중에서

그녀의 노래는 상점가 스피커에서 흘러나와도, 혼자 사는 대학생 자취방에서 흘러나와도, 할머니의 라디오에서 흘러나와도 어울리는 분위기가 있었다. 그때 그 시절. 다들 각자의 추억으로 그녀의 노래를 기억한다. 저마다 인생의 일부로, 각기 다른 형태로 남아 있다. 사회현상이라거나 젊은이를 대변하는 '공유된 노래'가 아니라, 듣는 사람의 개인적인 체험 속에 그녀의 노래가 있었고, 그렇기에 듣는 사람에 따라 기억이 제각기 달랐다. 그러니 어딘가의 누군가가 맡은 교정校庭

냄새와 그녀의 노래가 직결되어 있다 해도 좋았다. 누군가에게는 그것만이 진실이므로. 내 경우에는 초등학생 때 친구와 용돈을 모아 갔던 노래방이나 생태 체험 버스 안과 이어져 있었다. 어른들도 우타다 히카루를 많이 들었겠지만 나와는 상관없다. 나는 아직 반항기가 아니었고, 외톨이로 지내며 음악에 매달리는 타입도 아니었다. 내 어딘가에 뚫린 구멍을 메우려고 음악이 필요했던 것도 아니고, 그저 주위를 물들이는 꽃처럼 갑자기 나타난 음악이었다. 마치 그런 계절이 찾아왔다는 듯이, 자연스러운 필연성이 있었다. 그렇기에 나는, 그때 보았던 운동화나 책가방과 함께 우타다 히카루의 노래를 기억한다. 모두가 같은 순간, 각기 다른 것들과 함께 그녀의 노래를 기억한다는 건, 뭐랄까, 엄청난 수준의 팝이다. 서로 다른 형태로 뿔뿔이 흩어진 모습이 오히려 '팝'의 강도를 보여준다. 놀랍지 않은가. 팝이면서, 소비 자체는 공유되는 일 없이, 대단히 개인적인 형태로 나타난 음악. 누가 어떻게 듣든 상관없었고, 나는 그저 노래를 소비할 뿐, 그녀의 인생조차 아무래도 좋았다.

우타다 히카루의 노래를 좋아했지만, 그녀의 인생까지 속속들이 알고 싶다는 생각은 들지 않았다. 그저 그녀가 어딘가에서 살아가고, 노래를 만들고, 그걸 내가 손에 들 뿐이었다. 우타다 히카루의 노래는 아마도 그녀의 인생과 밀접한 연관이 있었으리라. 분명, 그녀는 그때그때 느낀 것을 노래했다. 하지만 그녀의 노래를 통해 그녀의 인생까지 소비하고 싶지는 않았다. 그녀의 노래는 나의 어린 시절과 이어져 있었고, 어디까지나 내 인생의 일부였다. 그녀에게 무슨 일이 일어났는지는 관심이 없었다. 아무리 친한 사이라도 그 친구가 먼저 털어놓기 전까지는, 친구의 불행이나 행복을 알고 싶어 하지 않는 것과 비슷하다. 이상한 이야기지만 인간은 친구든 가족이든, 타인이라는 존재를 자기 인생의 일부로밖에 파악하지 못한다. 남과 나를 대등한 존재로 보는 것은 진정한 의미에서 가능할 리 없다. 그러니 이기적이고 제멋대로인 소비라 해도, 적어도, 그녀가 꺼리는 형태로는 소비하지 않도록 신경 쓰고 싶었다. 아무리 누군가를 사랑하고 좋아해도, 상대가 밝히고 싶어 하지 않는 속사정까지 알고 싶어 하는 건 오만이다. 같이 영화를 보고, 식사를 하고, 내가 하고 싶은 이야기를 하고,

상대가 하고 싶어 하는 이야기를 교환하는 것으로 충분하고, 그것이 최상이어야 했다. 그 이상을 바라는 순간, 상대의 존엄을 해치고 만다. 그런 위험은 아티스트의 인생이 스며든 작품을 감상할 때마다 생겨나지만, 우타다 히카루의 곡을 들으며 그 배경을 알고 싶었던 적은 없었다. 설령 그녀의 노래가 우타다 히카루의 인생 자체였다고 해도, 내게는 내 인생의 일부분일 뿐이고, 내 인생에 깊이 뿌리내린 탓에 그녀의 존재마저 아무래도 좋았다. 어떻든 괜찮았다.

타인을 만난다는 것은 인생과 인생이 스쳐 지나가는 일일 뿐이며, 거기에 간섭은 불가하므로, 살면서 거쳐온 모든 것을 내 인생의 일부로 소중히 하는 수밖에 없다. 나의 어린 시절에 우타다 히카루는 머나먼 존재여서 라이브 티켓을 구할 수도 없었고, 텔레비전 쇼 정보도 잘 몰랐다. 그녀의 나이에 충격을 받을 만한 나이도 아니었고(열다섯 살에 데뷔했지만 내가 더 어렸으니까), 부모님에 대한 것도 몰랐다. 그래도 그녀의 노래는 내 인생의 일부로 남았다. 스쳐 지나갔다. 노래의 힘, 음악의 힘. 그런 게 있을까. 혹시 존재한다면, 나를 스쳐 지나갔다는 사실이야말로, '노래의 힘'이 주는 기적이었다.

첫술이 제일 맛있어

생크림 과일 팬케이크는 먹으러 가려고 집을 나서는 순간이 제일 맛있다. 계란을 곁들인 라멘도 마찬가지. 피자는 주문했을 때가, 닭튀김은 눈에 들어왔을 때가, 메밀국수는 다 먹었을 때가 제일 맛있다. 사람에 따라 음식이 제일 맛있는 지점은 각기 다른데, 기본적으로는 다 먹었을 때 제일 맛있는 메뉴가 그 사람이 가장 좋아하는 음식이리라. '아— 팬케이크 먹고 싶어' 하는 생각이 들다가도 다 먹고 나면 '음, 그래 이런 맛이었지' 하고 시큰둥해진다. 안 먹었다면 '팬케이크 먹고 싶은 병'은 낫지 않는다. 뭐야, 중독이네. 아마도 팬케이크를 몇 장이나 먹었던 시절의 기억이 남아서 '분명 맛있을 거야' 하고 뇌가 말하는 것이리라. 금방 배가 차서 속이 더부룩해지니까, 잘 부탁드립니다, My 위. 참고로 다 먹은 순간이 제일 맛있는 음식을 빼고 나머지는 첫술이 제일 맛있으니까, 한 입 크기 레스토랑 같은 게 생겼으면 좋겠다. 여러 가지 음식을 조금씩 줄줄이 맛보면 조금씩 연달아 행복해지겠지.

    무슨 소리를 하려고.

    실제로 '이렇게 하자'고 생각한 순간이야말로 가장 즐겁고, 막상 해보니 크게 재미있지는 않았던 것은 꽤 있다. 인터넷도 내게는 그렇다. 인터넷의 좋은 점은 세계와 한순간에 연결되고, 세계가 넓다는 것을 실감할 수 있다는 점이겠으나, 내가 통상 인터넷으로 보는 것은 내 홈페이지에 관한 것뿐이라 세계가 넓다느니 하는 건 전혀 실감하지 못하고 있다. 붐비는 전철 안이나 줄을 서 있을 때, 그런 지루한 현실 속에서 스마트폰을 붙잡고, '나는 언제든 다른 세계로 갈 수 있어'라고 할 때 인터넷의 바다를 가장 넓게 느낀다. 인터넷 자체를 좋아한다기보다, 언제든 인터넷에 접속할 수 있는 여유가 중요한지도 모른다. 사실 진짜로 원하는 건, 인터넷을 하는 척하면서 현재 상태에서 달아나고 싶은 게 아닐까. 별로 인정하고 싶지 않은 결론이지만, "첫술이 제일 맛있는 음식을 먹고 싶은 건 그냥 배가 너무 고프기 때문이잖아"라고 한다면 완전히 납득이 간다.

굶어 죽을 것 같은 상태를 해결하기 위해, 한 입만 먹어도 속이 쓰릴 듯한 음식을 찾아다닌다. 그렇게 먹고 나면 또 속이 쓰리다느니 막술까지 맛있게 먹고 싶었다느니 하는, 또 다른 욕구가 생기니 이걸 부끄럽다고 해야 하나 뭐라고 해야 하나. 인간답다고 해주십시오. 인간은 부족한 것을 채우기 위해 행동하는 것만은 아니다. 가능하면 영원히 넘치고 싶다. 그리고 그렇게까지 탐욕스러우면서, 욕망에 져서 본인이 정말로 먹고 싶은 것(말하자면 마지막까지 맛있게 먹을 수 있는 메밀국수)을 선택하지 못하는 서투름이, 나는 그렇다 치고 다른 사람들은 조금 귀엽다. 카페 구석에서, 충동적으로 파르페 같은 걸 시키고 후회하는, 그런 인간이 최고다.

가드닝 부조리

 상냥하기보다 정성을 다하고 싶고, 그렇기에 식물을 키우는 것이리라. 화초에 물을 줄 때, 애정은 아니지만 그렇다고 습관만도 아닌, 무언가 특별한 감정이 있다. 나는 어쩐지 그것이 인간의 본질 같다. 사랑이라는 말이 비집고 들어갈 틈이 없는 느낌이 좋다. 키운다는 것은 원래 수고스럽고 보상받지 못하는 면이 있지만, 특히나 식물은 인간과 너무 달라서, 식물을 키운다고 해서 지금 내가 좋은 일을 하고 있다고 생각하기도 어렵다. 공감하기 어렵기 때문이다. '그래도 매일 물을 준다'는 것은 어떤 감각일까. 가드닝이 취미인 사람들은 매일 아침 일어나 식물에게 물을 준다. 그 행위는 대체, 어디서 오는 걸까.

태양과 달의 규칙성은 가끔씩 "그만 좀 해!" 하고 외치고 싶을 정도로 너무 정확해서 마음이 불편하다. 달은 어째서 저토록 규칙적으로 줄어들까. 달도 그런 소리에 난처하겠지만, 나도 살짝 머리가 아프다. 태양도 매일 아침 어김없이 떠오르고 말이지. 한 달에 한 번 정도는 월식이나 일식이 일어나면 좋겠다. 안 그럼 내가 부적합한 생물이 된 것 같아 슬프다. 이런 생각을, 정확한 시간에 도착하고 정확한 시간에 출발하는 전철을 탈 때마다 했다. 나 이외에는 다른 모든 것이 규칙적인 편이 절대적으로 편리할 텐데, 그렇게 되면 또 참을 수 없는 부분이 생긴다. 세상에 대고 부정확하고 애매한 것을 요구하다니 제정신이 아니네. 아무튼 쉽게 말라 죽는 식물도 그런 의미에서는 귀엽지 않나.

생물이란, 앞으로 어떻게 될지 모른다는 점에서 리스크가 크지만, 그래서 더 귀여운 것인지도 모른다. 나는 늘 동물을 대하기가 어려웠다. 어릴 때는 왜 동물원에 동물을 만질 수 있는 광장이 있는지 이해할 수 없었고, 다가갈 생각도 하지 않았다. 무슨 일이 벌어질지 모르는데, 무섭잖아? 어떤 사람에게는 그런 두려움이야말로 제일 귀여운 감정이며, 그것이야말로 긍정인지도 모른다. 식물로서는 시들어버리는 일도 하나의 태도며, 사랑하는 일이야말로 평범한 태도인지도 모른다.

  인간은 예측 가능한 답을 내놓지 않기에, 어릴 때는 그게 몹시 두려웠다. 이렇게 답할 거라고 상상하고 던진 말에, 예상치 못한 대답이 돌아왔다. 그것이 대화의 재미며, 대화를 하는 의미라고 믿기 시작한 건, 고등학생인가 어른이 되어서다. 인간이 예상 밖의 존재라는 게 싫었다. 어째서 내 주변에는 예상할 수 없는 인간이 수없이 많고, 어째서 내가 그들과 관계를 맺으며 살아가야 하는지, 그 이유를 알 수 없었다. 너무 무서웠다. 그 무렵에는 규칙적인 태양과 달에 의문을 품은 적도 없었다. 내게는 부조리야말로 적이고, 부조리를 상징하는 것은 제멋대로 살아가는 생물이었다. 이 사실을 받아들이고 '살아 있는 것들은 재미있다'라는 사고를 하기 위해서는,

내가 나의 부조리에 익숙해지는 수밖에 없었다. 인간으로서 올바르다는 게 완전하고 정확한 행동은 아님을, 평소 가르침이나 교육에서 벗어나 깨닫는 수밖에 없었다. 인간은 원래 부조리한 집단이기에 룰이 필요하다는 사실을 알기 전까지는, 룰 그 자체의 부조리에 겁먹는 수밖에 없었다.

가드닝을 좋아하는 사람이 어른스럽게 보이는 것은, 이런 이유 때문인지도 모른다. 아무리 물을 주고 비료를 줘도, 시들 때는 시든다. 이유를 말해주지도 않고 시든다. 어떤 경우에는 신기할 정도로 잘 자라는 일도 있고. 시들어버린 화분을 볼 때마다 '꽃집에서 말해준 대로 했는데'라며 미안해하다가도 '키워서 손해만 봤다'고 생각하지 않는 건, 불확실한 결과를 처음부터 인정하고 시작했기 때문이리라. 죽어버릴 가능성은 언제든 모든 생물에게 존재하며, 아마도 그 부조리가, 생명의 정의를 형성한다.

친구와 즐거운 시간을 보내기 위해
짜낸 악의에 대하여

　서점에서 친구처럼 보이는 3인조가 책장에 꽂힌 만화를 보며 욕을 해대는 장면을 목격했다. 처음에는 '서로 사이가 안 좋나? 10년 만에 만났다거나?' 했다가, 그 뒤 조금 슬퍼졌다. 악의를 보고 못 참는 건 아니다. 욕이 너무 심해! 그래서 슬픈 것도 아니다. 그림이나 표지 문구를 보고 "이따위 걸 누가 읽어" "글이 한심하네!"라며, 그 애들, 아주 즐거운 시간을 보내고 있었다. 그래, 악의는 언제나 즐겁지. 악의만 있다면 서로를 끌어들이지 않아도 대화가 물 흐르듯 흘러간다. 혼자 서점에 왔다면 욕을 할 일도 없었을 테고, 애초에 관심도 없는 만화를 보려고 들지도 않았을 것이다. 친구들과 손쉽게 즐거운 시간을 보내기 위해, 만화를 한 권 한 권 손으로 가리키며 악의를 짜낼 뿐이다. 그건 처음부터 그 애들 사이에 잠재하는 본질적인 악의도 아니었다. 그 사실이 어쩐지 괴로웠다.

  악의의 존재를 부정한다면, 인간이 인간으로 존재하는 의미도 사라질 터다. 악의를 감추자는 건 아니다. 인간이 품고 있는 악의는 선의나 상냥함이나 배려보다 훨씬 더, 그 사람의 본질에 닿아 있기에, 서로 악의를 드러내는 일을 나는 오히려 좋아한다. 친구의 질투라거나 분노라거나, 그런 악의는 흥미롭다. 싫어하는 것을 보며 시원하게 화를 내는 모습은, 귀여운 강아지와 놀 때보다 훨씬 더 그 사람답다. 하지만 심심해서 쥐어짜낸 본심도 뭣도 아닌, 2초 만에 잊어버릴 악의에는, 그 사람의 인간성조차 깃들어 있지 않다. 기어가는 개미를 손끝으로 튕기며 시간을 보낼 뿐, 그뿐인 감각. 그뿐인 타성이다. 아주 싫은 건 아니지만 우리와는 상관없고, 눈앞을 스쳐 갔다는 것만으로 적당히 악의를 토로한다. 자신이 악당이 되지 않는 범위 내에서, 악의를 엔터테인먼트로 소비한다는 것이 기분 나빴다. 그렇게까지 하는 이유가 친구와 즐거운 시간을 보내고 싶어서라니. 타인과의 대화에 오락성이 필요할까. 만약 그렇다면, 자기와 아무 상관도 없는 것에 흠집을 내는 게 가장 편한 방법이다. 악의는 아름다운 말이나 마음이 따뜻해지는 이야기보다 훨씬 더 쉽게 오락을 선사하기에 화제의 테이블에 종종 올라온다. 진심 어린 악의를 주고받는 것은 성가시고 괴롭다. 내가 악당이 되기는 싫다. 그래서 스쳐 지나가며, 아무래도 좋을 것에 상처를 준다. 자연스러운 일인가. 어떨까.

"남을 욕하는 건 재미있지요." 텔레비전에서 흘러나오는 말을 듣고 참 맞는 말이라고 생각했다. 욕을 한다는 건 악의를 참을 수 없어서도 아니고, 억울함을 위로받고 싶어서도 아니며, 그저 재미있기 때문이다. 악의로 만든 커뮤니케이션은, 그 자리에 있는 사람 어느 누구도 상처받지 않는 최선의 방법이다. 텔레비전에 나오는 인물을 욕하는 사람을 보며, 이 사람은 나나 다른 친구가 여기 없어도 저런 태도를 취할까 궁금했다. 우리가 있으니까, 우리와 즐겁게 대화를 나누고 싶어서, 텔레비전에 나오는 사람을 나쁘게 말하는 것일까. 이 정도의 거리감, 서로의 인생에 끼어들지 않고 그렇게 시간을 보내는 거리감이, 이 사람에게는 딱 좋은가. 이 자리를 즐겁게 만들어야 한다고 초조해할 정도로, 우리 사이가 안 좋았어?

친구와 보내는 시간은 지루한 게 딱 좋지 않을까. 나는 엔터테이너가 아니며, 우리 사이 대화에 재미를 원하는 것부터가 이상하다. 누군가를 욕하느니 차라리 영화관에 가자. 자기와 상관없는 존재를 적당히 상처 주고 지나치며, "어때, 재미있지?" 하고 돌아보는 사람들은 본인이 악당이라고 생각하지 않았다. 상냥함과 배려마저 깃들어 있었다. 나는 그게 기분 나빴다. "너 진짜 너무하다"라고 하며 웃을 수도 없고, 상냥함에서 비롯된 '악의'를 어떻게 받아들여야 할지 모르겠다. 포테이토칩은 몸에 안 좋지만, 그런 분위기를 뿜어내기에 더 맛있다. 악의도 악당인 척하는 편이 훨씬 더 진한 맛이 난다. 그래서 나는 늘어져서 텔레비전을 보고, 주스를 마시고, 케이크를 먹으며, 각자의 내면에 있는 자기만의 형편없는 부분을 서로 보여주고 싶다. 지루하다, 지루해, 하며 시간을 보내고 싶다. 좌중을 즐겁게 하는 것은 친구가 할 일이 아니다.

과거에 없는 것

예전에 록 음악에 흥미가 생겨 명반이라는 음반을 들어봤는데 전혀 이해가 안 갔고, 전혀 이해가 안 간다는 사실에 충격을 받은 적이 있다. 나만 그럴까. 감수성 문제인지는 모르겠지만, 어느 장르나 '문맥을 알기에 비로소 다가오는' 무언가가 있다. 음악을 즐긴다는 것 자체가 당시 내게는 생소했다. 우선은 어떤 자세로 들어야 할지 알 수 없었다. 따지고 보면 초개인적이고 애매한 일이다. 문화를 향유하며 좋고 싫고, 마음에 들고 안 들고를 느낀 적은 없었다. 두근두근하고 마음에 와닿으면 그게 '좋아한다'는 신호라는 감각에 익숙하지 않았다. 안테나가 생기기 전이라고 할까. 그러던 어느 날, 갑자기 전부 다 이해가 되는 순간이 찾아온다. 나도 어느 날 어떤 곡을 들었고, 이전에는 고개를 갸웃거렸던 음악들을 몹시 좋아하게 됐다. 그런 계기는 분명 있다.

그렇게 첫 계기가 된 작품은, 대체로 그 사람에게 최고의 예술이 된다. 예를 들어 그 작품의 뿌리에 해당하는 음악을 듣는다 해도, 거꾸로 훨씬 더 진화한 음악을 듣는다 해도, 계기가 된 음악을 뛰어넘지는 못한다. 아무리 신곡이 나와도 내가 좋아하게 된 그때 들었던 음악이 일등이다. 편애야. 감성의 노예라고. 그렇게 바보 취급을 당할 수도 있지만, 그래도 그때 그 순간, "아!" 하고 탄성을 지르게 만든 음악에는 힘이 있다. 단순히 음악의 완성도 문제가 아니라(그것도 물론 관계가 있지만), 예를 들어 시대성이나 그 시절 그 사람의 심정과 체력과 타이밍, 그 모든 것이 맞아떨어졌기 때문이다. 그렇지 않다면 우리는 모두 비틀스와 록의 세례를 받아야 하리라. 뭐든 최초에는, 작품의 질 이상의 무언가가 요구된다. 분명 그렇다.

과거에는 수많은 명반이 있었고, 유명한 록 스타가 매년 죽었다. 그럼에도 새로운 음악은 태어나고, 새것이 전부 다 과거를 뛰어넘는 일이 없다 해도, 새로운 음악이 청춘의 전부라고 하는 젊은이가 나타난다. 어른이 되어 "그런 음악보다는 60년대 음악을 들어라"라고 말하고 싶은 것도 자연스럽다고 한다면 자연스럽다. 시간이라는 흐름에서 도태되겠지만, 그래도 훌륭한 것을 만날 수 있는 확률은 높다. 하지만 그렇다 하더라도 그런 설명으로는 부족한 부분이 있다. 절대적인 평가나 좋고 나쁨, 명반이나 그런 것을 이해하려면 우선 초개인적인 경험이 필요하고, 그것은 음악의 질만으로 만들 수 있는 것은 아니다. 내가 갖고 있는 것, 좋아하는 음식, 그런 것이 가사에 나오고 뮤지션과 나이가 같고, 심지어 같은 지역 출신이라거나, 좋아하는 애가 축제 때 연주한 음악이라거나, 이처럼 음악과 상관없는 부분, 즉 '현재'와의 공명이 계기를 만든다. 지금 태어난 작품에는 지금 태어난 작품이라는 가치가 있다. 음악뿐만 아니라 책, 만화, 영화도 그렇고, 그렇기에 있을 건 다 있는 지금 같은 시대에도, 나는 무언가를 만들고 있다.

상냥함의 천재가 아닌 나

당사자에게 일어난 사건은 개인적인 것인가. 당사자에서 멀어질수록 부감해서 볼 수 있는가. 예전에도 쓴 적이 있는데, 한신·아와지 대지진♥은 피해자인 나에게 대단히 개인적인 사건이었다. "일본은 변했다" "그때가 터닝 포인트였다"는 말을 종종 듣는데, 나에게는 그저 다른 추억이나 기억과 마찬가지로 굉장히 개인적인 일이었고, 그런 개개인의 슬픔과 무서운 추억이 밀집된 것이 한신·아와지 대지진이었다. 다른 사람들도 사고를 당했다거나, 가족이 병으로 쓰러졌다

♥ 1995년 1월 17일 효고현에서 일어난 진도 7 규모의 대지진. 동일본 대지진 이전까지 피해 규모가 가장 큰 자연재해였다.

거나, 집이 산사태로 쓸려갔다거나, 다양하고 개인적인 큰 사건들이 있겠지만, 내가 겪은 재난 피해도 비슷한 수준으로 충격적인 경험이었다. 내게는 어디까지나 개인적인 일이 역사적인 사건이 되어 국가와 세계라는 주어 아래 놓이면, 나의 모든 것이 뿔뿔이 흩어져 언어의 틈 사이로 빠져나오는 것만 같다. 일본은 그때 변했을지 몰라도 당사자인 나로서는 영원히 이해할 수 없는 일이었다. 나라 전체로 본다면 몇천 명이 죽고, 경제적인 손실이 얼마고, 그런 것이 중요한 정보겠으나, 내 머릿속에는 당시의 패닉이 떠올라 도무지 이성적일 수가 없었다. 피난처를 오가던 들것이나, 같은 초등학교에 다니던 아이가 죽었다는 이야기가 돌아가신 분이 몇 명인지보다 먼저 나의 뇌리를 지배한다. 경제적인 손실보다는 지진이 일어난 날 먹을 수 있는 식품을 전부 다 개방해준 슈퍼 같은 것들만 떠오른다. 깨진 유리창, 금 간 벽, 불타버린 상점가. 뉴스를 볼 상황도 아니었고, 당시 어떤 식으로 보도가 되었는지 당사자는 알지 못했다. 한동안 제대로 정보를 손에 넣을 수가 없었다. 옴진리교 사건♥♥도 실시간으로 파악하지 못했다.

♥♥ 도쿄 지하철에 유독 가스인 사린을 살포한 대규모 지하철 화학 테러 사건.

수개월 동안 갑자기 사회에서 단절되어 표류하는 느낌이었고, 그런데도 그 사건이 사회를 바꾸었다는 게 아무래도 이상했다. 하지만 물론 그건 내가 이상해서도, 사회가 이상해서도 아니다. 실제로 고베 바깥에서는 많은 것들이 바뀌었으리라. 인간은 그저, 각자 자기 자리에서 일어난 일만 이야기할 수 있을 뿐이다. 서로 알지 못하는 일은 알지 못하는 대로 그걸로 됐다. 서로 "그때는 그랬지" "근데 지금은 다르네"라고 해도, 그걸로 됐다. 피해자라고 하면 다들 신경을 써주지만, 그렇다고 전 인류가 그날을 경험했으면 좋겠다는 생각은 하지 않는다. 모르면 모르는 대로 좋다. 그보다는 내일을 좋은 날로 맞이하자. 그뿐이다. 그뿐.

하지만 사물을 바라보는 관점이란, 본래 충돌하기 마련이다. 지진 같은 경우는 전체를 파악할 수 있는 사람도 나타나고, 그래서 편견이 그리 심하지 않지만, 사회의 일반적인 문제에 대해서는 모든 사람이 당사자이므로 누구든 멀리 떨어져서 보기 어렵다. 각자 자신의 위치에서 특정한 앵글로 보이는 세계를 이야기할 뿐이다. 그리고 그러하기에 '서로 이해할 수 없음'에 대한 분노가 주장으로 넘쳐난다. 그게 너무 괴롭다. 많은 사람들이 각기 다른 입장에 서 있고, 각자의 자리에서 주장해야 할 것을 주장하며 서로 부딪힌다. 아무튼 서로 이해하지 않으면 살기가 어렵다. 그럼에도 서로를 이해할 턱이 없는 경우는 수없이 많고, 상냥함이라는 재능을 발휘해 서로 배려해야 하는데, 그게 제대로 되지 않아 주먹다짐을 하게 된다. 받아들이지 못하는 사람은 상대방이 멋대로 군다고 느낀다. 받아들여지지 못한 사람은 지나치게 무시당했다고 느낀다. 그러나 인간은 인간이라는 사회의 당사자이므로, 각자 국소적으로 세계를 볼 수밖에 없고, 그렇기에 서로의 주장을 보완해가야 하리라. 어떻게든 그렇게 전체적인 그림을 파악해야 한다. 하지만 그때의 분노는 좀처럼 다스리기가 힘들다. 10대 때는 전체적인 그림을 파악하지 못하는 나에게 화가 났고, 어떻게든 그 부분을 메우고 싶었다. 그리고 그 부분을 자연스럽고 온화하게 통찰할 줄 아는 사람을 동경했다. 하지만 지금 생각해보면, 그런 사람은 그저 상냥함의 천재다. 그게 어른의 올바른 모습이라고 믿었지만 그냥 천재였다. 인간은 슬플 때 남이 상냥하게 대해준 것을 오래 기억한다. 그래서 누구나 무한대로 상냥할 수 있다고 착각하고, 내가 천재적인 상냥함을 발휘할 수 있다고 믿다가 자멸한 적이 있다. 상냥함의 천재를 인간의 기준으로 믿고 살면, 자기혐오와 타자를 향한 경멸을 멈출 수 없게 되고, 결과적으로 누구보다도 상냥하지 못하게 된다. 이 법칙에 누가 이름을 붙여주면 좋으련만. 그러나 이런 천재들은 상상 이상으로 별생각이 없다고나 할까, 마치 섬세한 양털이 바람을 타듯 타인의 감정이 혼란스러워지기 직전에 이를 깨닫고 도움을 준다. 설령 그들이 왜 괴로운지 논리적으로는 이해할 수 없다 해도 본능적으로 안다. 아마도 육감 비슷한 게 아닐까. 매너도 아니고, 본인도 생각해서 움직이는 게 아니다. 그렇게 하자고 다짐해서 할 수 있는 부류의 것이 아니다. 상냥함에도 반응을 일으키는 최소치가 있다. 인간. 운동신경 같은 거다. 그래도 상냥한 대접을 받았을 때의 감동은 모두 알고 있으니까, 자신의 지식과 상상력을 발휘해 어떻게든 배려하려는 것이리라. 나와 다른 입장에 놓인 사람들이 주장하는 일을 어떻게든 파악하고자 한다. 상처 주지 않으려고 애쓴다. 자신에게 보이지 않는 풍경을 상상하며, 타자의 시점을 손에 넣으려 한다. 상냥함보다는 그게 귀엽고, 그것이 분명 지성이라는 것이리라.

감정의 오락성

 3년 정도 옷장에 방치해둔 카디건을 입었다. 어째서 그동안 안 입었을까. 이상할 정도로 마음에 들었다. 나는 어릴 때 유행을 모르는 아이여서, 친구가 요즘 이런 게 인기라고 하면 무서웠다. 그 애가 말하는 건 계속 바뀌었고, 그걸 따라갈 수가 없어서 내게는 '좋다'는 감성이 없는 것만 같았다. 유행에 관심이 없었을 뿐이었지만 그땐 그런 것도 몰랐다. 그저 아이들 스스로 발굴한 거라고 믿었기에, 나만 혼자 뒤처진 것 같아서 인간으로서 자신이 없어졌다.

 옷도 음악도 아주 좋아하는 게 생기기 전까지는, 유행에 관심이 없어도 어쩐지 유행을 좇지 않으면 안 된다는 공포심이 있었다. 그런 공포만큼 무의미한 것도 없지만 말이다. 좋아하는 게 있다는 건 어떤 사실보다 강력하고 무해한 자기주장이기에, 어리면 어릴수록 좋아하는 것들로 대화가 가득 찬다. 아이들은 늘 좋아하는 게 있고, "아, 이거 너무 좋지" 하고 다 같이 말할 때, 거기에 동조할 수 없는 인간은 두려워진다. 그래서 무조건 내가 나쁘다는 생각만 한다. 열심히 산다는 느낌이 안 드는 거다. 10대 때는 다들 하루빨리 어른이, 여성이 되고 싶어 했는데, 나만 그런 의욕 없이 멍하니 외톨이가 된 기분. '다들 무슨 얘기 하고 있지' 하고 곤혹스러워하는 내가 너무 걱정스럽고, 혼자만 좋아하는 게 없다는 사실에 인간으로서 미완성이라는 기분이 들었다. 게다가 무엇보다, 모두가 열광하는 '좋아해'에 거리감이 있었다. 커뮤니케이션의 도구로 이용되는 '좋아해'가 나는 아무래도 익숙하지 않았고, 붙잡을 수도 없었다.

아마도 나 혼자만 좋아하는 무언가가 있었다면, "너희들은 모를 거야!"라고 하며 마니아가 되어 스스로를 지켰을지도 모르겠다. 하지만 그것조차 없었다. 좋아하는 것을 발견하면,

그것이 나를 대변한다는 사실 자체를 인지하지 못했다. 그래서 내가 무엇을 좋아하는지도 생각해보지 않고 중학생이 되었다. 나의 감동을 남에게 전하고 싶지도 않았고, 음식을 먹으며 그 음식을 만든 사람이 듣지도 못하는 곳에서 "맛있다!"고 말하는 의미를 알지 못했다. 아무튼 감정을 공유하는 이유를 몰랐기 때문에, '좋아해'를 교환하는 일로 대화가 성립한다는 게 어리둥절했다. '감정이 엔터테인먼트도 아니고'라는 수수께끼 같은 인식이 있었다.

엄청나게 좋아하는 것이 생겨도 남에게 추천하기가 어려웠고, 아니 추천하고 싶다거나 공유하고 싶다는 생각조차 들지 않았고, 좋아하는 것에 우열을 가리고 싶어 하는 사람이 있다는 것도 이상했다. 애초에 취미란 고독한 것이다. 솔직히 무언가로부터 나를 지키기 위해 취미를 갖는다는, 그 시점에서부터 이미 불순하다. 하지만 어느 날, 어떤 아이와 대화를 나누면서 같은 음악을 좋아한다는 게 밝혀졌고, 그 친구가 너무나 기뻐해주었다. '아, 이런 일도 있구나!' 나의 가슴 한구석이 기쁨으로 흘러넘쳤다.

운동신경 미완성적 자아

 인간은 어찌하여 그토록 날렵한가. 어찌하여 그토록 민첩하게 움직이나. 나는 신경이 전신으로 퍼지다 만 사람처럼, 목소리나 움직임 같은 것을 전혀 컨트롤하지 못한다. 늘 그게 불만이었다. 그래서 글을 쓰는 일이 즐거운지도 모른다. 쓰는 행위는 내면에서 일어나는 운동이다. 말하자면 안→밖으로 변환할 필요가 없어 신경은 제대로 작동한다. 나에게 글쓰기는 맨손으로 점토를 주무르는 감각이다. 거꾸로 신체 운동은 매직 핸드 같은 것으로 3미터 앞의 점토를 주무르는 감각이랄까. 어쨌거나 그래서 매일, 나 이외의 인간은 엄청나게 날렵하고, 세상에 나처럼 서투른 사람은 없을 것만 같은 불안 속에 산다.

   자기가 쓴 글이나 자기가 낸 목소리를 기분 나빠 하는 현상은 대부분의 사람에게 있는 듯하다. 나 역시 내가 쓴 글자는 기분이 나쁘고 불안정한 기분이 든다. 나의 손끝에서 완성되는 것들, 내 안의 작은 흔들림까지 반영되는 것들이 싫어서, 손으로 원고를 쓰는 일이 정말 힘들다. 손끝을 미세하게 컨트롤하고 있다는 기분이 전혀 들지 않고, 적당히 움직이고만 있다는 사실을 견딜 수가 없다. 이것은 나의 글자가 아니다. 목소리도 나의 목소리가 아니다(나에게 들리는 내 목소리가 타인에게는 다르게 들린다니 이건 사기다). 하지만 나에게서 나온 것으로 굳어진다. 그러니 그림 그리는 사람들은 정말 대단하다. 나는 내 손가락 신경의 2퍼센트 정도밖에 안 쓰는 게 아닐까. 늘 자기 실력을 다 쓰는 건 아니다. 스포츠 선수에게도 실패가 있고 잘 안 될 때가 더 많다. 그럼에도 불구하고 어느 순간 그 기준을 돌파해버리는 게 놀랍다. 신체 능력이 뛰어나다고 해서 컨트롤이 완벽한 것은 아니다. 신체는 어디까지나 본인의 의사와 다르게 존재한다.

세상에는 결과만 남고, 인간은 그것을 관찰할 뿐이므로 다 컨트롤된 것처럼 보이겠지만, 어떤 의도나 신경이 닿지 않은 결과인 경우도 많으며, 나는 그것을 파악할 수 없다. 그러니 인간이 스스로를 가엾게 여기고 열등감을 갖는 건 굉장히 자연스러운 흐름이고, 한편으로는 컨트롤만 생기면 만능일 듯한 천하무적의 기분도 생기리라. "진심을 다하면 해낼 수 있다"와 같은. 그렇게 나는 긍정과 부정을 오가며 특별한 존재가 된다. 자신을 부끄러워하기도 하고, 타인을 경멸하기도 하면서, 인간이란 정말로 바쁘게 살아가는 존재지만, 그래도 신체와 정신 사이에 벽이 있는 이상, 긍정과 부정을 오가는 방법으로서만 자아를 인식할 수 있는 게 아닐까.

인터넷은 강이고, 너는 돌이다

　인터넷에서 무언가를 발언하는 일은, 자기표현의 발판이자 스스로 정보를 제공하는 소스가 되는 일이다. 인터넷으로 커뮤니케이션을 할 수 있을 거라고 기대해서는 안 된다. 그래서는 오히려 인터넷에 글을 쓰는 일이 괴롭기만 하고 재미없어진다.

　인터넷에서 발언자와 소통하기 위해 반론을 제기하는 일도 물론 있지만, 한편으로는 "여러분, 이런 목소리를 내는 사람이 있지만 제 생각은 이렇습니다" 하고 제3자를 향한 자기표현의 재료가 될 때도 있다. 여기에 대답은 없다. 파생만이 있을 뿐이다.

　나는 그런 모든 발언이 '호수에 빠진 자갈'처럼 파문을 일게 할 뿐, 되돌아오지 않는 인터넷이 좋다.

공유하기 위한 말

 책의 지명도가 전보다 높아지면서 조금은 사람들 눈에 띄는 일이 많아졌는데, 그전까지는 내가 '서브컬처'라고 불린 적이 없었다. 두 번째 시집 『하늘이 분열한다』라는 단행본을 냈을 때는 서브컬처라고 불린 적이 전혀 없었고, 요즘 나온 문고본은 내용이 똑같은데도 서브컬처라고 불린다.♥ 나는 서브컬처라는 말에 아무런 감흥이 없지만, 그래도 이제 와서 그렇게 불리게 된 데 대해서는, '흐음, 재미있네' 싶다. 일정한 태그가 붙었다는 것은 말하자면 눈에 들어왔다는 것, 분류의 대

♥ 일본 출판계는 보통 단행본을 내고 반응을 본 뒤, 2~3년 후 문고본을 발행한다.

상이 되었다는 뜻이다. 최근까지 그런 일이 없었다는 것을 알고 있었기에 내용보다도 이 상황이 재미있다. 오모리 세이코 씨의 노래에 "서브컬처조차 되지 못하는 노래가 있어"라는 가사가 있는데 그 말 그대로다. 나는 아주 최근까지 서브컬처조차 되지 못했다.

애초에 내게 붙는 형용사 가운데 이거다 싶은 말은 없었다. 갑자기 '세카이계♥♥'라거나 '에모이♥♥♥'라고 불릴 때마다 '요사이 유행하는 말인가?'라는 생각이 들 뿐이었다. 나를 지칭한다기보다는 '현재'를 지칭하는 말 같다. 그렇게 불리는 게 내가 '현재'인가 아닌가를 나타내는 지표인 듯해서(지표 자체에는 큰 의미가 없지만), "아, 우선 나는 '현재'와 공명하는 주파수구나"라고 인식한다. 누구는 그렇게 간단히 요약되는 데에 반감도 있고, 서브컬처라고 불리는 걸 거북해하기도 하지만, 사실 나는 아무래도 좋다. 간략화되는 것에 대한 두려움은 잘 알지만, '현재'와 마주하고자 한다면 어쩔 수 없는 일이다. 대

♥♥ 世界系. 전쟁이나 지구 종말, 우주인 침공 등 세계를 무대로 한 서브컬처를 이르는 말.
♥♥♥ emotional에서 온 말로 센티멘털한 감성이 있음을 뜻하는 속어.

다수의 사람들은 설명할 언어를 찾기보다 누구하고나 공유할 수 있는 언어를 고르기 마련이다. 당연하다, 공유하고 싶으니까. 나는 공유하기 위한 키워드인 '언어'를 그 이상의 '언어'로 끌어올리고 싶었고, 그런 마음으로 계속해서 작품을 써나갔다. 당신만의 언어가, 서툴더라도 당신만이 쓸 수 있는 언어가 있다고 한다면, 나의 이름을 외우거나 서브컬처라고 부르지 말라고 하는 것보다도, 내가 나의 언어를 계속해서 써나가는 일, 그것만이 근원적인 일이다. 감정은 각자 다른데, 언어가 되면 획일화된다. '사랑'이라거나 '슬픔'이라거나 '너무 싫다'거나, 그렇게 억지로 간략하게 만들어 내던져버린 감정이 몸보다 아스팔트보다 더 아래로 떨어져 쌓여간다. 그리고 그거, 병이 아니라 자연스러운 겁니다. (하지만 나는 시를 써.) (얼마 전 새 시집이 나왔습니다. 관심 있는 분들은 읽어주세요.)

최강이므로 최강입니다

 수험생이었을 때는 "12월은 무조건 감기 조심해!"라는 말을 듣는 나날이었다. 마스크를 하고, 목도리를 두르고, 크리스마스 조명 장식 아래를 걸었다. 계절은 나와 상관없이 꿈틀거렸고, 그것에 반응하는 사람들이 시야 속에 분주했다. 타인이 평소와는 다른 생물처럼 보이고, 이런 날은 쓸데없이 센티멘털한 생각을 한다. 일상을 즐기고, 계절을 사랑하고, 그런 것들이 다른 무엇보다 소중히 여겨지는 기분이 든다. 너무 피곤하다. 계절은 이제 단순한 이벤트로 변했다. LED도, 선물 주고받기도, 크리스마스 케이크도 그저 인간이 시작한 것인데, 마치 자연적인 것처럼 '계절'이라는 말로 다가온다. 그런 것이 중요하다고 누군가 계속 주입시키는 기분이 들어서, 그게 너무 싫었다. 말하자면, 크리스마스에 취해 있었던 것은 다른 누구보다도 나 자신이었다.

인간은 분위기가 고조될수록 길거리를 끌어들이는 존재라, 소외감을 느끼는 일도 많다. 나와 사정이 다른 사람은 얼마든지 있고, 밝은 기운을 공유하는 것이 훨씬 쉬워서, 결과적으로 거리는 늘 행복한 얼굴을 하고 있다(아마도 크리스마스가 눈엣가시처럼 보이는 건, 해가 지고 나서도 조명이 반짝이며 눈을 찌르기 때문이리라). 이때까지는 괴롭다느니 나만 불행하다느니 하는 일과 거의 인연이 없던 내가, 정신을 차려보니 어두운 얼굴로 조명 장식 아래 한참을 서 있었기에 질려버렸다. '내가 불쌍하다고 생각하는 건 쉬운 일이다.' 수험생 시절 목도리에 얼굴을 묻고 생각했다. 어렸을 때부터 크리스마스 장식을 좋아해서, 밤이 거짓말처럼 반짝반짝 빛나는 이 시즌을 기대하지 않는다면 거짓말이고, 크리스마스트리가 좋아서, 초등학생 때는 저금한 돈을 털어 산 전나무로 진짜 같은 크리스마스트리를 만들기도 했다. 그러니 이 센티멘털은 편의주의일지도 몰라, 하고 깨닫는 내가 나의 가장 안쪽에 있었다. 나는 강했고, 그 강함을 잊지 않기 위해 나의 감상을 '정말이야?' 하고 의심하는 버릇을 들였다. 내가 가여워도, 할 수 있는 게 아무것도 없어도, 계절이고 거리고 싫어하는 걸 늘려가는 건 지겨우니 그만두고 싶다. 그때그때 임시방편인 감정 따위, 내가 쌓아온 수많은 과거의 감정에 비하면, 하찮다. 최강이므로 최강입니다. 덕분에 지금도 크리스마스가 좋다.

외로워지고 싶다

가벼운 관계로 남아주세요. 그렇게 바랄 때도 있다. 타인과 공유하는 것은 감정이나 고민이나 불행보다, 날씨나 맛있는 케이크를 먹었다는 것처럼 시시한 것들이었으면 좋겠다. 인간이 단수가 아닌 한 우리는 '우리'가 될 수 없고, 아마도 영원히 개인이 모여 있을 뿐이라고 생각한다. '우리'가 될 수 있다고 믿는 건 단순한 억지다. 그게 고독하다고 생각하지는 않는다. 다만 어디까지나 타인인 존재와 함께 있으며, 시시한 것들을 공유하며 그것이 행복이라고 믿고 살아가는, 나의 그런 진부한 감성을 제대로 사랑하기로 했다.

며칠 전부터 다리가 너무 아픈데, 아프다고 말해봐야 소용이 없어서 가만히 있었다. 소용이 없다는 게 무슨 뜻이냐는 말을 종종 듣는데, 그래도 소용이 없는 건 없는 거 아닌가. 당신에게 말해봐야 소용이 없다. 단순한 사실이다. 타인과 그런 것을 공유하고 싶다고 생각하는 것은, 아무래도 그 사람의 인생에 개입하는 것만 같아서 꺼려진다. 타인의 눈동자에 비치는 것은 나의 피부와 나의 옷 정도고, 아마도 그게 바깥세상이 나를 보는 '전부'라고 생각한다. 그 정도로 가벼운 관계가 건전하다. 그 이상은 과잉이다. 게다가 나는 오만해서, '살아서 같이 밥 먹으러 가면 그걸로 충분하다고 생각해줬으면 좋겠어'라고 진심으로 생각한다. 다리가 아프다는 걸 진짜로 공유하기 위해서는 같은 상처를 입히는 수밖에 없고, 그런 것을 바랄 에너지가 내게는 없다.

커뮤니케이션에 있어, 어느 정도 관계가 깊어지면 나머지는 서로의 에너지 문제다. 자아와 자아가 충돌하는 것일 뿐. 무엇을 알아줬으면 좋겠고, 무엇을 공유했으면 좋겠는가. 상대방에게 무엇을 알리기를 바라나. 내가 상대의 늪에 빠지고, 상대를 나의 늪에 빠뜨리는, 그것을 즐길 만큼의 여력이 있는

가. 내게는 그것이 너무도 벅찼다. 나에게 차갑기 때문인가, 남에게 차갑기 때문인가. 그런 생각도 문득 들지만, 어차피 둘 다라며 끝을 맺는다. 다들 어느 정도는 욕심이 있고, 그걸 위해 어디까지 에너지를 쓸 것인지 개인차가 생긴다. 그것을 맞출 수 없다면 서로에게 불행한 일이다. 애인을 찾기 위해 전 재산을 들여 세계 방방곡곡을 도는 사람도 있는가 하면, 그런 행동을 냉담한 눈으로 바라보는 사람도 있다. 그것을 어느 쪽이 타협해서 맞추는 것은 불건전하다. 나는 에너지를 쓰는 데 겁이 많다. 그래서 남에게 상냥하고 싶지만, 그것은 어디까지나 '친절'의 영역이며, 타인의 욕망까지 상냥하게 대할 이유는 없다고 냉담하게 생각한다. 그리고 나를 내버려두었으면 좋겠다는 욕망도 타인에게 강요할 수 없기에, 적어도 인사를 하거나 세상 돌아가는 이야기를 할 때는 상냥해지고 싶은데, 그게 어렵다. 나는 그저, 차갑게 있고 싶다. 가볍게 있고 싶다. 거기에 정당한 이유는 없고 타인을 설득할 길도 없지만, 그것이 나의 욕망이다. 타인과 대화를 나누기 위해 두 사람의 내면을 다 끄집어내는 것이 아니라, 그 사이를 그저 스쳐 지나가고 싶다. 샌드위치가 맛있다거나, 무지개가 떴다거

나, 계절이 어떠하다거나. 그런 이야기를 동시에 할 수 있다면 그야말로 최고의 관계다. 지인을 만나 날씨와 영화 이야기를 하다가, 그녀에게 애인이 생겼다가 헤어졌다는 걸 5년이 지나서야 알았다. 타인의 인생에서 배경이 되는 정도가 딱 좋다. 그 정도라면, 동시대에 살고 있는 사람 모두와 관계를 맺는 일이 가능하다. 그것은 은밀한 관계로 선택되어 누군가와 맺어지는 일보다, 훨씬 더 아름답다.

고독이란 어디에도 없고, 고독이 어디에도 없다는 그 사실만이 나를 나로 있게 한다. 그리고 타인의 고독을 이해할 수 없다는 점에서, 나는 타인에게 차가워진다. 살아 있다는 것만으로도 기적이라고 한다면, 내가 나로서 타인으로부터 떨어져 외롭게 홀로 살아가는 것 역시 기적이다.

리얼리티 윤회전생

죽는다느니 죽고 싶다느니 시체라느니 하는 말이나, 너무 잔혹한 전개를 쓰다 보면, 비현실적이다, 리얼리티가 없다는 말을 가끔 듣는다. 그러나 그런 리얼리티는 친구나 부모가 죽은 경험이 쌓인 어른들의 '리얼리티'인데 왜 그걸 몰라줄까 싶다. 하긴 모두가 내 작품을 좋아할 수는 없으니까. 그래도 한편으로 이런 생각도 든다. 나 역시 생명의 소중함은 잘 알고 배웠지만, 실제로 사람들에게 '리얼리티가 없는 사건'이 리얼하게 일어나고 있다. 결국 리얼리티라는 건 모두와 공유할 수 있는 게 아니라, 다들 각자 다른 리얼리티가 있을 뿐이다. 10대 때는 학교에 가고, 교실에서 시시한 시간을 보내고, 부모님도 대체로 건강하며, 친구가 갑자기 죽거나 내가 죽거나 하지도 않고, 제일 가까운 죽음은 게임 캐릭터의 죽음이다. 그런 인간의 리얼리티도 있다. 그 아이들이 내뱉는 '죽어'나 '죽고 싶다' 같은 말을 믿을 수 없다고 해서, 없는 것으로 치부해버릴 수는 없다. 그야 거기 있으니까. 그 애들이 바보나 쓰레기라서 그러는 것도 아니다. 상상력이나 공감을 구사한다고 해서 모든 리얼을 자기 리얼로 만들 리도 없다. 생명이 소중하다거나, 게임이 잔혹하다거나, 주변에서 계속 그런 말을 하니까 '죽음'이 대단히 강렬하고 대중적인 표현으로 그들 안에 자랐다고 할 수도 있겠지만, 이것도 그저 망상이고, 10대에게는 게임의 세계가 리얼할 뿐이다. 젊은 애들이 기성세대에게 굳이 그걸 말하고 싶어 하지 않듯, 나도 리얼리티가 없다는 말을 들어도, 그건 그것대로 내가 나의 리얼밖에 모르기 때문이라고 생각한다. 분명 이대로 돌파하여 글을 쓰며, 언젠가는 나도 생명을 소중히 하는 타입의 인간이 되어, '죽어' 같은 말을 쓰는 젊은 애들에게 질려버리는 리얼리티를 손에 넣겠지.

POP이란 사람을 뛰어넘는 일이란 걸
알게 되었다

갑작스럽지만 '억만億萬'의 이야기를 하고자 한다. 억만. 이 말은 엄청난 단어라고 생각하는데, 여러분은 어떠신가요. 물론 억만이라는 단위는 없다. 간단히 생각하면 '천만'이라고 할 때의 천이 억으로 바뀐 것인데, 말하자면 1억 몇만이라는 뜻이다. 그러니까 조兆다. 하지만 억만이라는 단어가 언어로서 너무 강렬해. 뭐랄까, 재빠르게 단념하는 바보처럼 절대로 이길 수 없다는 기분이 든다. 누가 처음 만든 말일까. 억만장자라는 단어가 있으니까 옛날부터 썼던 말일까. 사전적으로 억만은 '많이 있다'는 의미라고 쓰인다는 건 알고 있지만, 그래도 이상하지 않나? 어째서 만억이 아니지? 백만석百万石이라는 말도 있었으니 천만도 괜찮잖아? 어째서 갑자기 건너뛰어 억만이지? 수학의 룰을 왜 그렇게 무시했어? 숙어 안에서 곱셈을 하는 이유가 뭐지? 조라고 하면 좋을 텐데, 왜? 아……그 말을 만든 사람이 있는 곳까지 날아가 묻고 싶다. 그리고 그보다 대단한 것은, 이런 의미 불명의 말을 한발 더 나아가 '억천만'이라고 쓴 인물이 있다는 것이다. 이봐, 물리법칙을 너무 무시하잖아! 맨 처음 이 말을 쓴 건 누굴까. 작사가 아쿠 유일까(고우 히로미라는 가수가 부른 노래 〈2억 4천만의 눈동자〉에 나오는 가사입니다). 그렇다 해도 너무 심해서 몸이 떨린다.

나는 뭐랄까, 직관적으로 목표점을 곧바로 치고 들어가는 작품을 좋아한다. 2014년에 방영한 텔레비전 프로그램 '천재 테레비 군'의 테마곡 〈니폰넘버즈〉는 가사가 정말 훌륭해서, '아, 이런 걸 쓸 수 있는 게 진짜다……'라고 생각했다. 가사를 조금 인용해본다.

잇폰一本♥은 '포ポ'지만

니혼二本은 '호ほ'

산본三本 '보ぼ'지만

욘혼四本은 '호ほ'

고혼五本 로쿠혼六本 나나혼七本도 '호ほ'

하지만 핫폰八本이 되면 '포ぽ'

네.

이게 뭐냐고 묻고 싶은 건 잘 알겠습니다. 하지만 나는 이런 걸 동경한다. 얼마나 심플한가. 누구나 즐길 수 있고, 누구나 외울 수 있다. 이걸로 노래를 만들어버리는 시점부터 새롭다. 아아! 이런 걸 쓸 수 있는 인간이 되고 싶다! (참고로 이 노래의 작사 작곡은 이시노 탓큐입니다. 대단하다는 말밖에 안 나옵니다.) 누구나 쓸 수 있을 것 같고, 누구나 떠올릴 수 있을 것 같고, 엄청 대단할 건 없지 않냐고 할 수도 있다. 하지만 애초에 이렇게 별거 아닌 것처럼 보이는 것이 심플하다는 뜻이다.

♥ 한 대, 한 권, 한 편 등 수를 헤아리는 단위. 일본에서 숫자를 셀 때, 같은 한자를 사용하더라도 개수에 따라 탁음, 반탁음으로 발음하는 경우가 나뉜다. 本의 기본 발음은 혼(ほん)이지만 한 권일 때 잇(一)폰, 두 권일 때 니(二)혼, 세 권일 때 산(三)본으로 읽으며, 이 노래는 어린이에게 단위 읽는 법을 알려주고 있다.

누구나 생각할 수 있다는 것도, 누구나 공유하는 정보밖에 쓰지 않는, 말하자면 엄청난 팝이라는 증거다. 누구나 쓸 수 있을 것 같다는 건 그만큼 언어를 심플하게 다듬어서, 순도 100퍼센트의 정보만을 전하고 있다는 증거다. 무엇보다 NHK의 의뢰를 받아 어린이 프로그램 엔딩 테마곡을 만들 때, 아무것도 없는 백지 상태에서, '그러고 보니 숫자를 세는 단위는 발음이 포, 호, 보 가지각색이네. 그걸 노래로 만들어보자'라고 생각하는 사람이 세상에 얼마나 있을까. 게다가 그 생각을 이렇게까지 심플하고 알기 쉽게, 즐거운 가사로 만들 수 있는 사람이 얼마나 될까. 간단할 것 같지만, 아직 아무도 만든 적 없는 테마를 찾아낸다는 것은 역사상 태어난 인류 전체를 뛰어넘는 일이고, 그걸 할 수 있는 사람이야말로 최강의 천재가 아닐까. POP이란 무언가를 뛰어넘는 일이란 걸 알게 되었다.

부적절한 말이 입력되었습니다

 어떤 일이 일어나서 마냥 슬프다는 느낌을 잘 모르겠다. 갑자기 기분이 푹 가라앉아서 슬프다는 건 이해하지만, 이유가 있는 슬픔이란 어떤 기분일까. 분노 없는 슬픔이 있을까. 슬픔만이 존재하는 경우는 그리 많지 않다는 기분이 든다.

 감정을 표현하는 언어는 뭐든 대체로 부적절하다는 생각이다. 슬픔이라는 말로는 미처 다 표현할 수 없는 감정이야말로 '슬픔'이며, 기쁨도 분노도 다 마찬가지라고 본다. 감정을 감정인 채로 내버려두지 못하는 것이 인간이며, "도대체 왜 그래!" 싶은 분노나, "완전히 망했어!" 싶은 실망 같은 게 뒤섞여 아무튼 한 가지 색이 아니다. 분노 없는 슬픔이 있을까. 외로움 없는 기쁨이 있을까. 슬프다는 단어보다도, 종착역도 안 보고 전혀 다른 길로 가는 열차를 타는 행동이 어쩐지 슬픔을 100퍼센트 표현하는 것 같다. 언어가 부적절하기 때문에 언어를 죽 늘어세운 문학작품이 존재하는 것일까, 라는 생각을 하는 날도 있다. 생각하지 않는 날도 있다. 솔직히 말하면 조금 아까 문득 생각났다.

'맛있다' '예쁘다' '시끄럽다' '눈부시다' '졸리다' 같은 것은 거꾸로 지나치게 적절하다 싶을 정도로 적절하다.

인간은 모두 조금씩 픽션

휘둘리는 인생을 사는 것처럼 보이는가, 어쩌면 휘둘리는 것조차 그 사람의 의지인가. 스타들은 대체로, 이 둘 중 하나라고 생각한다. 예전에 한 편집자와 여성 그룹 AKB48 이야기를 나눈 적이 있다. 그때 나는 멤버 마에다 아츠코♥가 어쩐지 인생 그 자체라는 느낌이 든다고 말했다. 그때까지는 해본 적 없는 생각이라서 나도 놀랐다. 아츠코에게서는 전형적일 정도로 '인생'이라는 것이 느껴진다. 실제로 어떤지는 모르겠

♥ AKB48 1기생으로 데뷔 후 졸업 때까지 센터 자리를 지켰으며 현재는 배우로 활동하고 있다.

지만 그런 인상을 받는다. 물론, 좋은 의미로. 대단히 드라마틱하다.

인간의 매력을 이루는 요소가 무엇인지는 모르겠다. 하지만 '인간은 너무 차가울 정도로 타인을 냉정하게 바라보는 게 아닐까?' 하는 생각이 있다. 그래서 남의 일을 '픽션'으로 바라보게 된다. 잘생기고 못생기고, 선하고 악하고, 행복하고 불행하고, 그런 것으로 남의 인생에 값을 매기는 자체가, 남과 나를 똑같이 보지 않는다는 증거다. 아마도 모든 인간은 완전하지 않다. 모든 분야에서 만점인 인간은 없다. 그래도 태연히 살아간다. 다른 사람과 대화를 하고, 밥을 먹고, 자연을 파괴한다. 크게 잘못된 일은 아니다. 그런데 자신도 충족하지 못하는 조건을 남에게 갖다대고 평가한다. 이는 남을 나와 같은 존재로 보는 게 불가능하기 때문이라고, 내 멋대로 믿고 있다.

그렇기에 남의 인생은 어딘가 조금씩 '픽션'이리라. 친구가 누구랑 결혼했다거나, 아는 사람이 삼각관계에 빠졌다는 소문을 술안주 삼아 소비해버린다. 텔레비전에 나오는 사람은 특히 더 그렇다. 연예인들은 길거리에서 "정말로 존재했군요!"라는 소리를 꽤 듣는다고 한다. 잘못되었다기보다는 어쩔 수 없는 일이다. 우리는 생각보다 남에게 냉담하다. 최악이다. 상상력이 생명까지 창조해내지는 못한다. 슬픈 일이기는 하지만 어쩔 수 없다.

그렇기에 드라마틱한 인생이 매력적으로 보이는지도 모른다. 드라마틱함은 '휘둘리는 것'만이 아니라 '휘둘리지 않는 것'으로 만들어질 때도 있다. 예를 들어 가수 야마구치 모모에♥♥ 씨는 최선을 다해 활동했고 때가 되어 그만두었다. 깔끔하게 은퇴했다. 분명 아주 특별한 인생이었는데, 활동을 그만두었다고 해서 그 특별함이 크게 손상되지 않는 듯했다. 그녀는 인생과는 별도의 시간 축에서 스테이지에 서 있었던 것이 아닌가 싶다. 말하자면 서브 캐릭터 같은 것일까. 그렇다고 해서 매력이 없는 것은 아니고, 아마도 그녀의 '현실'이 아닌 '꿈'을 소비하는 데서 드라마틱함이 발생했을 것이다. 휘둘리고 있는가, 그렇지 않은가. 문제는 그게 아니라, 어느 쪽이든 양극단에 있는 것인지도 모른다.

♥♥ 1970년대를 대표하는 가수 겸 배우.

휘둘리는 인간을 보면 너무 서툴러서 그런가 싶지만, 그래도 지나치게 휘둘리지 않는 인간을 보면, 그건 그것대로 서툴러 보인다. 적당히 휘둘리는 건 홀가분하다는 증거고, 휘둘리지 않는 건 안정되었다는 증거다. 둘 중 어느 쪽이 이상할 정도로 결여되어 있는 경우는 어느 쪽이든 서툴다. 하지만 이런 객관적인 시선과 말투야말로 지나치게 냉담한 게 아닐까. 그래도 친구들의 서투름을 매력적이라고, 혹은 귀엽다고 생각한다면 이대로도 좋다고, 요즘은 생각한다.

지상은 시끄러워

 포만감이 사라지지 않고, 심지어 그것이 조금 불쾌한 결과를 초래하는 음식은 B급이라는 기분이 든다. 음식이여, 제발 음식답게 소화되어줘. 배만 부른 음식은 오직 욕망을 채우기 위한 장치로 전락한 것이 아닌가, 하는 생각에 잠겨 포만감으로 괴로운 시간을 견딘다. 견디다 보면 어떻게 되지 않을까 하는 마음에. 하지만 효과 없음. 살아 있다는 건 멋진 일이지만, 생명 유지를 위한 본능이 나로 하여금 욕망에 응답하게 하고, 나아가 욕망을 채우는 일 자체가 목적이 되어 폭식을 컨트롤하지 못해 불쾌해진다. 몸을 제대로 사용하지 못하고 있다는 증거다. 나 지금 제대로 살고 있는 거 맞나? 그래도 살기 위해 먹는다고 한다면, 먹는 일에 죄책감은 줄어든다. 아니, 오히려 더 기분 나쁘네.

생명감 넘치는 식물의 잎맥이나, 지면으로 뻗어나가는 뿌리 같은 것들이 거북하다. 생명의 압도감이 징그럽다. 징그러운 건 징그러운 거다. 살기 위해서는 징그러워져야 한다는 게 두렵다. 그걸 예쁘다고 하는 것일까. 하지만 그런 모양의 벽지가 있다면 징그러울 테고, 거기에는 역시 '살아 있음'이라는 부가가치가 있으리라. 징그러움 자체가 '살아 있음'을 대변한다는 기분도 든다. 살기 위해 이렇게까지 징그러워졌다고 하는 사실이 징그러움을 증강시킨 것인지도 모른다. 빙글빙글 이런 생각을 하며 아무런 진전도 없으니, 새벽은 새벽이네(현재 시각 오전 3시).

깊은 밤에 글을 쓰면, 어째서 이렇게 난데없는 이야기를 하게 될까. 텔레비전 소리도 없고, 카페 문도 닫았으니, 그저 냉장고의 중저음에 기대 글을 쓰기 때문이리라. 나의 언어를 던져서 반사시킬 외부의 소리가 없기에. 잠음에도 언어가 있다.

언어는 언어로밖에 반사하지 못한다. 언어를 던지기만 할 뿐 되돌아오지 않는다면, 그것은 언어를 내다버리고 있는 것에 불과하다. 그래서 나는 내 언어가 무언가와 부딪혀 반사하는 장소에서 글쓰기를 즐긴다. 얼마 전에도 인터뷰에서 이런 말을 했다. "엄청나게 시끄러운 장소에 가면 시끄러워! 하고 생각하면서도 반사적으로 언어가 흘러넘쳐요." 시부야 교차로처럼 언어의 압축이 엄청난 장소에서(시부야 거리에는 모니터가 여러 대 있고, 거기서 각각의 소리가 흘러나오기에 오작동 하는 5.1인치 홈시어터 같은 분위기가 된다), 소리에 반항하듯 글을 쓸 때가 제일 즐겁다. 밖은 시끄러우니까, 그렇기에 나만의 언어를 가져야 하고, 언어를 갖는 것 자체가 쾌락이 된다.

좋아하는 일로 먹고사는 건 행복한 불행

　시로 먹고사는 건 불가능하다, 라는 소리를 자주 듣는데, 나는 그런 걸 별로 생각해본 적이 없다(주의:혹시 모르는 분이 계실까 봐 덧붙이자면 저는 시인입니다). 시로 먹고사는 게 가능한 건 다니카와 슌타로♥ 씨 정도밖에 없다는 말도 많이 들었는데, 한 사람이라도 있다면 그렇게 절망적인 건 아니다, 아니 아주 괜찮은 상황이다. 먹고사는 일을 체념하고, 그걸 당연하게 받아들이는 선구자들이 이끄는 분야는 셀 수 없이 많다. 대부분이 아르바이트를 하고, 그 전후에 연습을 한다고

♥ 일본에서 가장 사랑받는 현대 시인.

한다. 인생을 걸고, 재능을 갈고닦으며 노력을 게을리하지 않은 사람들이 어째서 그 일로 먹고살 수가 없을까. 하지만 사실 그런 경우는 많다. 좋아하게 된 것이 조금 달랐을 뿐인데, 아무리 재능이 있어도, 아무리 노력을 해도, 그걸로 살아갈 방법이 전혀 보이지 않는 경우도 있다. 교과서에 시가 실리고, 대부분의 사람들이 '시라는 것이 있다'라는 사실을 알고 있는 것만으로도 혜택이다. 게다가 텍스트니까, 간단히 인터넷에 올릴 수 있고, 퍼트리기 쉽다는 점도 감사하다. 물론 세상의 모든 시를 누군가에게 읽혀야 하는 것은 아니지만, 아무튼 시로 먹고사는 일은 불가능해! 하는 절망감을 느낀 적은 없다.

 '책'이라는 물질이 유통망을 타고, 책을 파는 전문 매장이 거리에 있어 책을 손에 드는 문화가 당연한 환경은 무척 행복하다. 서점 주인에게 인사하러 갈 때나, 마을의 작은 서점에서 내 책을 볼 때, 정말이지 행복하다. 서점이 있다는 행복, 출판사가 있다는 행복, 편집자가 있다는 행복. 제대로 업계라는 시스템이 있고, 내가 뛰어들어 최선을 다해 흐름을 타면, 제대로 '이끌어주는' 사람이 있다는 것(물론 흐름을 타는 일은 힘들지만)도 행복이다. 잔잔한 호수에서 혼자 보트를 저어나가는 건 어려운 일이다. 불가능할지도 모른다. 예를 들어 물리적으로 아주 커다란 작품을 만든다면, 전국의 유통망을 타는 일에 얼마나 많은 시간과 노력이 필요할까. 그런 것이 세상에 존재한다는 사실조차 대부분의 사람들은 모를 것이다. 찾으러 오지도 않는 거다. 그저 우연히, 사람들 눈에 뜨일 수 있는 기회를 하나부터 차근차근 만들어가야 한다. 서점에서 시 코너가 점점 사라지고는 있지만, 그래도 대형 서점에는 시집의 책장이 제대로 있고, 그것만으로 아직은 괜찮다. 언어라는 도구가 일상적이라는 점도 큰 혜택이다. 내가 글을 쓰고 싶다고 생각하는 동안, 어딘가의 누군가는 무언가를 읽고 싶다고 생각한다는 사실은(나의 독자가 아니라 해도), 각종 다른 문화에 비해 축복받은 일이다. 존재 자체가 알려지지 않은 것들도 많고, 그럼에도 그걸 업으로 삼고자 하는 사람은 많다. 세상에는 다양한 것들을 좋아하는 사람들이 있다. 내가 상상한 적도 없는, 전혀 모르는 세계가 많다. 좋아하는 게 있어서, 그것만을 믿고, 자기 재능을 믿어온 사람이라면, 대부분 그렇게 살기를 꿈꾼다. 하지만 계속해서 꿈을 꾸고자 하는, 그 다짐만으로도 상상 이상으로 버거운 분야는 얼마든지 있다. 좋아하는 것을 하며 살고 싶다는 마음과, 좋아하는 것만 하며 살 수는 없다는 딜레마가 인간을 괴롭힐 때, 재능의 유무는 아무 관련이 없다. 오직 자기 재능을 믿고, 그 세계를 믿으며 살아온 사람이야말로 절절히 아프다. 나는 그런 아픔을, 영원히 이해할 수 없으리라. 시는 축복받았다. 그래서 나는 축복받았고, 여기서 찢겨나갈 상황이 아니다.

어째서 자기가 좋아하는 것을 고를 수 없나. 인간은 아마도 맨 처음, 다양한 재능을 갖고 태어나며, 취향도 제각각이라 얼마든지 다양한 선택지가 있었을 것이다. 나도 다른 시간대에 다른 계기가 있었다면, 그림을 그렸을지도 모른다. 기타를 들었을지도 모른다. 하지만 어떤 계기로 자기가 만난 것을 진심으로 믿게 될 때, 인간은 거기에 모든 것을 건다. 좋아하는 것을 '단 하나의 뛰어난 재능'으로 만드는 건 그 사람 자신이다. 다른 것은 조금도 돌아보지 않았기에 다른 선택지를 잃어버렸고, 다른 길을 기웃거리지 않았기에 다른 것은 아무것도 할 줄 모른 채 세상만사에 서툴러진다. 좋아하면 좋아할수록 자기 목을 조르게 된다. 분명 어떤 분야든 그럴 것일 텐데, 나는 내가 아직도 너무 약삭빠르다고 생각한다. 그리고 그러하기에, 어떠한 한계에 도달한 사람이나 천재라고 불리는 사람을 부러워하지도 가여워하지도 않는다. 다만 그런 사람을 무척 좋아한다. 고통마저 받아들일 정도로 사랑하기 때문에 거기까지 도달한 것이 아닌가.

인간이, 인간을 뛰어넘는 무언가가 되는 순간이다.

노 컨티뉴 다이어리

 1월부터 시작하는 일기장을 사서 1월 초부터 쓰지 않았다. 일기를 꾸준히 쓴 적이 없다고 할까, 쓰려고 사기는 사는데 제대로 쓴 기억이 없다. 오늘 쓴 원고에 대해 다섯 자 정도로 메모를 남겨둬도 괜찮겠다 싶지만, 그것도 귀찮아서 안 한다. 나는 남에게 보여줄 일이 없는 글을 쓰는 것이 정말 정말 정말 싫다. 아무도 읽지 않을 언어라는 사체를 쌓고 있는 기분이다. 우웩, 구역질이 난다. 아, 내가 쓸 때 말이다.

 옛날부터 그랬다. 인터넷이 초등학생 때부터 있었는데, 중학교에 들어가고 곧바로, 불특정 다수의 사람이 보는 공간에 글을 쓰는 버릇을 들였다. 그전까지는 그렇게 많이 쓰지 않았지만, 보고 있는 사람이 있다고 생각하면 계속 쓸 수 있었고, 즐거웠으므로, 나에게 글이란 누군가에게 보여준다는 전제 하에 쓰는 것이었다. 그 밖에는 상상할 수 없었다. 처음부터 그랬다. 혼자서 노트에 적어둔 언어가, 어느 날 갑자기 세상에 나온 것이 아니라, 처음부터 남에게 보여줄 생각으로 써온 언어였다. 딱히 무슨 생각이 있어서 그런 것은 아니고, 그저 '쓴다'는 작업이 그렇게 직결되었다. 인터뷰 같은 데서 종종, "내 감정에 대해 쓰는 일을 잘 모르겠습니다"라고 말하면, 그거야말로 무슨 소리인지 잘 모르겠다는 대답이 돌아온다. 하지만 혼자서 자기만족을 위해 글을 쓴 적이 없는 나는 이렇게 말한다. "아니, 내 이야기 같은 거, 아무도 듣고 싶어 하지 않으니까요. 그보다 읽는 사람이 와아! 하고 감탄할 수 있는 글을 쓰는 게 즐겁습니다만……?" 이 마음, 전해질까? 글을 쓰는 작업은 누구나 처음에는 자기 자신을 위해 시작한다고 하는 가치관은, 이제 지나간 옛 시대의 사고가 된 게 아닐까 싶은데, 어떨까? 뭐든 셰어하는 지금은 더더욱, 개인적인 작업이라는 것이 상실되고 있다는 느낌이 든다. SNS가 그다지 보급 되지 않았던 나의 어린 시절에도 '개인적인 작업'은 어느 정도 사라지고 있었다. 인터넷이라면, 누구나 처음부터 관객을 상정할 수 있다.

  작문이든 교환 일기든 누군가가 보지 않으면 글을 쓸 마음이 들지 않았다. 언어랄까, 어감을 늘어세우는 일은 굉장히 재미있지만, 그 이상으로, 언어가 읽는 사람의 심장에 곧바로 이어지는 일이 즐겁다. 그걸 끌어내어 글을 쓰는 게 재미있었다. 요리를 할 때, 혼자 먹으면 할 마음이 안 생기는 것처럼 말이다. 누군가가 먹어준다면 이 아이는 이 맛을 좋아하고, 저 아이는 저 채소를 좋아하니까 하며 이런저런 재료를 끌어오게 된다. 이와 같은 행위다. 이 아이는 이런 문장 좋아하겠지 하면서 글을 썼을 때, 그걸 본 친구가 "너무 기뻐!"라고 말해주는 것, 나는 그것이 즐겁다. 그것만이 즐겁다. 그 대상이 불특정 다수가 되었을 뿐이다. 나에게는 언어가 모조리, 읽는 사람을 위한 스위치로 보인다. 그걸 눌러간다. 꾹 하고 타인의 심장을 쥐고 있는 감각. 이게 좋을까? 고민하며 구성하기보다는, 뭐랄까, 타인의 심장과 나의 감각이 이미 이어져버려서, 반사적으로 윤을 내는 기분이다. 나에게는 내 기분을 쓰는 게 오히려 더 가짜 같고 멀리 돌아가는 길이라, 도무지 불가능하다. 자기 기분을 쓰는 건 멋있고 세련되었다는 생각이 들지만, 나와는 맞지 않는다. 다른 무엇보다 읽는 사람을 향해 글을 쓰는 일, 그 자체가 나에게 '쾌감'이 되어버렸다.

타인을 의식한다는 건, 크게 좋은 일도 아니고 나쁜 일도 아니지만, 나는 혼자 틀어박혀 걸작을 남기려는 사람들에게, 뭐랄까 어떤 로맨티시즘을 느낀다(제멋대로지만). 나는 타인의 감정을 쓰는 일이 잘 어울리고, 그런 성질이 있음을 깨달았기에 지금도 쓸 수 있는 거라고 생각한다. 음, 그래서 무슨 이야기더라? 그래, 말하자면 이만큼이나 글자 수를 채워, 일기를 쓸 수 없다는 변명을 해보았습니다. 끝!

네거티브 극치로, 포지티브를 향해

 간사이 지역 방송 프로그램으로는 〈나이트스쿠프〉가 유명한데, 나는 치친푸이푸이의 〈로잔의 길을 안내해드립니다〉도 추천한다. 로잔은 우지하라 씨와 스가 씨 개그맨 콤비를 말한다. 간사이에서는 우지하라 씨보다 파트너인 스가 씨 인기가 더 많다. 그건 치친푸이푸이라는 간사이 지역 방송의 코너 〈로잔의 길을 안내해드립니다〉(전국 방송이 되기를)에서 스가 씨가 심상찮은 기운을 발하기 때문이다. 내용은 아주 단순하다. 오사카역에서 로잔 콤비 두 사람이 길을 헤매는 사람에게 길 안내를 한다. 등장하는 사람은 취업 준비생, 여행자, 콘

서트 가는 여학생, 언니 졸업식에 잃어버린 물건을 가져다주는 여자아이 등등. 간사이 방송에 자주 있는 일반인 인터뷰 코너인데, 남의 일에 서슴없이 참견해서 사람들의 마음을 열어가는 스가 씨의 강인한 정신력이 다른 곳에서는 좀처럼 볼 수 없는 것이고, 또, 이거야말로 '포지티브'구나 하고 깨닫게 되는 레벨이다. 이 코너가 벌써 7년이나 이어진 것도 당연하다고 납득이 갈 정도다.

'포지티브'는 재능이다. 예전에 언터처블♥의 시바타 씨가 토크쇼에서 이런 말을 했다. "이런 짓을 하면 미움받을 거라며 불안하게 생각하는 것은, 현시점에서 내가 사랑받고 있다고 믿기 때문이다. 처음부터 나는 미움을 받고 있다고 생각하면 불안해질 것도 없고, 포지티브하게 행동할 수 있다." 스가 씨의 포지티브도 분명 그런 종류다. 기죽지 않겠다거나 좌절하지 않겠다는 그런 어수룩한 태도가 아니라, 기죽을 가능성이 아예 없는 것이다. 기죽는다는 건 받아들여질 거라는 기대가 있었는데 그것이 배반당해서 생기는 감정이고, 아예 기대를 하지 않으면 기죽을 이유가 전혀 없다. 나는 미움을 받

♥ 일본 유명 코미디언 콤비.

는다고 해도 이상할 것이 없어, 알려지지 않은 게 당연해, 같은 꽤나 씁쓸한 정신 상태다. "그러니 무서울 게 없어!" 하는 데서 강함과 밝음이 발휘된다. 특히 길 안내 코너에서 외국인 관광객을 안내할 때 그 모습이 잘 드러난다. 방금 일본에 도착해서, 로잔이 연예인이라는 것도 모르는 상태로 온통 경계하는 관광객을 상대로, 영어도 잘 못하는 스가 씨는 문법을 완전히 무시한 채 알고 있는 영어 단어를 늘어놓으며 커뮤니케이션을 시도한다. 기본적으로 맨 처음에 "from?" 하고 묻는다. "어디서 왔어?"다. 그리고 "How long Japan?" 하고 묻는다. "얼마나 오래 일본에 있을 거야?"다. 직역하면 "일본에서의 기간은?" 정도가 되겠지만 거짓말처럼 85퍼센트는 이게 통한다. 지난번에는 스키를 타러 홋카이도에 간다는 미국인 관광객에게, 어떻게 홋카이도 스키장을 알았나? 소문 듣고? 라고 묻고 싶었는지, "쿠치코~~미?" ♥♥ 하고 물은 뒤, "Talk, Talk, Talk, Talk……" 하고 몸동작으로 설명했다. 통했다. "그래그래, 친구한테 들었어" 이런 대답을 얻었다. 이게 통한다니. 문법을 올바르게 써야 한다고 생각했던 내가 바보처럼 여겨졌다.

♥♥ 방문 후 소감에 대한 리뷰나 입소문을 뜻하는 일본말.

스가 씨의 커뮤니케이션은 영어조차 포지티브다. '안 통하는 게 당연하다'는 감각이 밑바탕에 있어서, 올바른 문법으로 멋있게, 같은 생각은 애초에 없고, 알고 있는 단어를 전부 던져 전력을 다해 커뮤니케이션한다. 문법을 열심히 한다고 했는데 말이 안 통했을 때는 머리가 새하얘지지만, 스가 씨는 그러지 않는다. 전해질 때까지 밀어붙인다. 뭐랄까, 포지티브의 원점은 어리광 제로에 가까운 네거티브에 있는 것인가 하는 생각이 들었다.

가벼운 네가 되길

 언젠가는 죽는다는 사실을 모른 채 살던 시절이 있었다. 베란다에 있는 작은 화분에 물을 준다. 심었던 꽃이 대부분 시들어서 이제 이 화분도 끝을 내자고 생각한다. 식물이, 언젠가 자신이 죽는다는 사실을 자각할 거라는 생각은 들지 않는다. 초목은 종의 번영을 최우선으로 생각하며 자란다는 사실을 어느 교육 프로그램을 통해 알게 되었을 때, 개개인의 생사를 전혀 중시하지 않는 가치관에 두려움을 느꼈다. 내가 차곡차곡 쌓아올린 지층이 1층밖에 되지 않는다는 걸 받아들이고, 커다란 잎을 태양 쪽으로 기울인다. 그것은 한편으로, 생명 그 자체의 자연스러운 모습 같았다. 그것을 기분 나쁘다고 생각하는 나야말로 더는 생명체가 아닐지도 모른다. 그게 불안하다.

생명을 의식하는 데는 가까운 사람의 죽음이나 아이의 탄생이 있다. 그런 것을 모르고 살던 10대 무렵, 나는 분명 죽음을 몰랐다. 모든 생명은 죽는다는 사실을 배우기는 했지만, 경험으로 이어지는 일은 없었다. 그래도 경치는 아름답고, 하루하루가 사랑스러웠다. 아무리 발버둥 쳐도 어른들만큼 슬픔이나 기쁨을 가질 수는 없다는 걸 알고 있었고, 그것이 열등감이기도 했으며, 그리고 솔직히, 그 점이 홀가분하기도 했다. 가까운 친구는 간단히 "죽어"라거나 "죽고 싶다"는 말을 했다. 우리는 그렇게 최악이 되어, 최악의 기분을 토해내고 있었다. 경박한 말이 넘나드는 생명의 무게. 그걸 뛰어넘으면 그 앞에 무언가가 기다리고 있을 것만 같은 예감이 들었다. 생명이 소중하다는 건 알지만, 그것을 벽처럼 만들어 언어를 제한하고 사고를 제한하는 일이 성가시게 여겨졌다. 어휘가 적은 탓에, 표현이 감정을 쫓아오지 못하고 있다는 초조함 때문이기도 했다. 이걸 유치하다고 말하는 일은 간단하리라. 그래도 그 시절에만 보이는 것이 분명 있었다고 말하고 싶다.

    초등학교·중학교·고등학교에서 올바름을 배우며, 그걸 흡수하는 게 당연하다고 생각했다. 타인을 가엾게 여기거나, 타인에게 상냥하게 대하는 일이 당연하다고 배웠지만, 그래도 그 모든 것들을 다 흡수할 수는 없었다. 적당한 선에서 나를 컨트롤해야만 하는 이기적인 부분이 괴로웠다. 올바르게 살아라. 이런 배움 아래서는, 인간은 모두 처음에는 올바르고 상냥하며, 자기 자아 따위 없지 않았을까 하는 생각도 든다. 잘못된 길로 들어서려 했을 때, 말을 걸어 말리는 게 '올바름'이라고 생각했다.

    하지만 사실은 다르다. 욕구는 누구에게나 있고, 양립할 수 없는 것은 반드시 존재하며, 잘못된 길로 들어섰기에 문제가 생기는 것은 아니었다. 어른은 모두 올바르고 정직하다고 생각했는데, 그저 다들 자기 자아를 컨트롤하고 있으며, 사회 속에서 올바로 살기 위해 제한당하고 있다는 사실을 나중에야 알았다. 내가 배운 올바름은, 따지고 들면 그저 의무였다는 걸 깨달은 건 고등학생 때다. 반 친구들 각자가, 타인과 다른 자기만의 자아에 어쩔 줄 몰라 하며 쩔쩔매던 시기였다.

그들이 이해할 수 없는 말을 하는 게, 옳지 않은 말을 하는 게, 내게는 너무도 눈이 부셨다. 아무리 노력해도 좋아할 수 없는 사람이 있다. 아무리 노력해도 인정하고 싶지 않은 일이 있다. 올바름 따위를 포기하고, 자기 안에 폭주하는 감정을 드러내는 게 부럽기도 했다. 자신의 감정이 올바르지 않다는 걸 알고, 배운 것들을 기억하며, 필사적으로 감정을 짓누르려 하는 모습을 보면 너무 슬펐다. '식물이 이런 감각이었을까'라고 농담 섞인 생각을 한다. 타인을 의식한다면 자신을 부정하는 수밖에 없다. 이상을 떠안고, 그것을 납득하며, 그래도 이상 자체에 젖어들지 못하는 자신을 비난하는 건, 어쩔 수 없는 일일까. 나는, "죽어!"라고밖에 말할 수 없었던 친구가, 그 자체로 좋았다.

아름다워지는 데에는 한계가 있다. 올바른 것에는 제약이 있다. 선의는 훌륭하고 상냥함도 존경스럽지만, 그래도 그것들은 획일적이므로, 거기에 그 사람 자신의 인격은 없다. 싫어하는 것을 고백할 때, 그 사람 자신의 언어나 표정이 나오는 게 좋았다. 말도 안 되는 일이라고, 최악이라고, 그래서 아무에게도 말할 수 없다고, 존재 자체가 부정되는 감정에야말로 그 사람이 있었다. 내 눈앞에 있는 사람, 그 사람 자신에게 우정이나 애정을 느끼기 위해서는, 그 사람의 악의를 받아들일 필요가 있으리라. 그리고 그때, 우리가 손에 넣은 홀가분함은, 거기에 분명 존재하는 벽을 깨부순다.

'죽음'을 향한 경박한 의식은 차츰 실감을 갖고, 두껍고 무거운 것으로 바뀌어갔다. 주변에서 죽고 싶다고 쉽게 말하는 사람이 줄었다. 어른이 되어 사회로 나왔기 때문일까, 서로 공유하는 것이 거의 없기 때문일까. 악의보다는 선의로 대화가 돌아가는 듯하다. 그 시절이 그립다는 생각은 피할 수 없고, 이런 내가 가벼운지도 모른다. 그 시절은 같은 반에서, 같이 공부를 하고, 보는 세계나 살아가는 환경도 지금과 비교하면 서로 아주 닮았다. 각기 다른 일을 하게 되고, 가족이 있는 사람 없는 사람이 나타나고, 공유할 수 있는 것이 거의 없는 우리는 서로의 마음 어딘가에, 부드럽고 상처받기 쉬운 부분이 있기 때문에, 폭주하는 감정을 그대로 발산하는 일은 무서워서 할 수 없게 되었다. 이것이 올바른 사람이 되었다는 뜻일까. 식물을 키워보자고 결심하는 날이 많아지고, 동물이나 아이의 모습에 옛날보다 훨씬 더 자주 마음이 움직인다. 하지만 내가 상냥해졌다거나, 올바른 사람이 되었다는 생각은 할 수 없었다. 다만 보이던 것이 보이지 않게 되고, 보이지 않던 것이 보이기 시작했을 뿐이다.

생명을 사랑하는 일이 옛날에 비하면 아주 조금, 자연스러워져서, 아마도 앞으로 더욱더 생명을 사랑하겠네, 하고 생각한다. 그때마다 어쩐지 모든 것에서 멀어지는 듯한, 그런 고독. 자연과 친해지는 만큼, 누군가에게 상처 줄 가능성이 줄어드는 만큼, 나는 아마도 나를 잊어가리라. 옛날의 나는, 사람이 죽는다는 것의 무게를 조금도 이해하지 못했다. 항상 내가 기준점이었기에, 나보다 무게 있는 것, 나보다도 소중한 것의 존재를 알 수 없었다. 그 시절이 슬슬 끝나면 생명을 알게 되리라. 친구의 악의를 보는 일도 줄어들리라. 나도 더욱더 상냥한 사람이 되리라. 그리고 식물의 저 담담한 생명력, 자라는 법, 죽는 법에서 공포를 느끼던 것과 마찬가지로, 나는 앞으로의 '상냥한 나'에게 솔직히 겁이 난다. '상냥한 친구'

가 솔직히 두렵다. 친구의 내면을 들여다보는 일이 불가능해져서, 소통할 수 없는 시간이 계속되는 게 친구를 잃는 것만 같아 두렵다.

그래서 시를 쓴다고 생각한다. "죽어"라고 간단히 말할 수 없는 대신, 죽음을 쉽게 뛰어넘지 못하는 대신, 조금 다른 형태로, 그 사람이 그 사람만의 존재를 인식할 수 있는 순간이 형성된다면 그것은 행복이다. '이 언어가 있기에 나의 내면을 부정하지 않고 살아갈 수 있어'라고 누군가 생각하는 시를 쓸 수 있다면. 내게는 그것이 극도의 이상이었다. 생명은 존귀하다. 세계는 존귀하다. 하지만 그 사람 자신의 시시한 의지나 하찮은 자의식도 존귀하다. 자기 자신보다 아름다운 것, 사랑스러운 것, 그런 것을 바라본다 해도, 그 사람이 그 사람 자신을 위해 세상을 가볍게 만들어버리는 순간이 지속되기를 바란다.

더는 없을 추억

어느새 매미가 운다. 여름은 언제나 과거를 떠올리게 하는 기폭제며, 태양 아래 설 때마다 초등학생 시절이 떠오른다. 여름은 과거에 대한 후회를, 겨울은 미래를 향한 불안을 닮았다. 그렇다 해도 나의 여름에 대단한 실패가 있었던 건 아니고, 그저 더는 다닐 일 없는 초등학교 수영장이나 여름 강습, 지금 생각하면 왜 맛있었는지 알 수 없는 아이스크림을 떠올리며, 무언가를 상실한 것만 같은 느낌이 들 뿐이다. 그저, 스쳐 지나갔을 뿐인데.

여름방학 숙제였던 독서 감상문 쓰기는 매년 지긋지긋했

다. 읽을 책이 주어지거나 책을 리스트에서 골라야 한다는 게 마음에 들지 않았다. 위인전이나 그 비슷한 책이 리스트에 있을 때마다 선생님의 숨은 의도가 보이는 듯해서, 부드럽지만 부서지지 않는 해삼을 밟은 것 같은 불쾌감이 있었다. 무언가를 얻을 목적으로 책을 읽는 것은 아무리 생각해도 끈적거리고 기분 나쁘다. 그런 것을, 굳이 여름에 해야 한다니. 적어도 겨울에 하면 좋을 텐데. 애초에 여름의 독서를 좋아하지 않는다. 땀으로 종이가 젖고, 글자를 좇는 사이 창밖의 햇볕을 제대로 쬐지 못한다는 사실이 동물로서 꺼림칙했다. 가만히 있어도 썩어버릴 것 같은 기온인데, 그런 계절인데. 이런 날엔 어디까지나 동물적으로 바삐 살아가야 하지 않을까. 정신없이 빨려드는 책을 읽고 싶고, 뭐든 다 잊어버릴 듯한, 그런 독서가 제일 좋다. 거름이 된다거나 그런 것은 동면의 계절에 읽으면 된다.

여름에는 사진집이 어울린다는 사실을 깨달은 건 언제부터일까. 사진집에는 어느 날 어느 시간 지구의 한쪽 구석에서 일어난 일이 실려 있다. 어느 사진이든 더는 현재에 존재하지 않으리라는 상실감이 있었다. 몰랐던 경치나 모르는 사람들의 기억이라도, 사진이라는 형태로 들여다본 순간 마치 잃어버린 나의 과거를 들여다보는 기분이 든다. 가와시마 고도리♥ 씨의 사진집 『BABY BABY』는 여름이 오면 반드시 펼쳐본다. 거기에 담긴 햇살이나 표정이 모두 과거라는 사실에 어찌할 수 없는 외로움을 느끼며, 그것만으로는 다 설명할 수 없는 나의 밝은 감정을 손가락으로 매만진다. 나도 모르는 사이에 아주 중요한 것을 잃어버리고, 그렇게 늙어갔다고 한다면, 그거야말로 살아 있다는 증거가 아닐까. 반짝반짝 빛나는 기분이다. 겨울에 찾아오는 출구 없는 미래에 대한 불안에 비하면, 여름의 후회는 어딘가 기쁨에 잠겨 있다. 미래의 나에게는 죽음의 가능성마저 있고 소중한 사람에게 배신당할지도 모르지만, 과거의 나는 죽지도 않고 배신당할 일도 없다. 그저 행복했던 날들도, 지긋지긋한 밤도, 지나간 것일 뿐. 그것이 고통스러울 만큼 나는 아직 생에 대해 오만하지 않았다. 오히려 그립다는 말 한마디로는 다할 수 없는 과거의 눈부심에 수차례 상처받으며, 내가 살아왔다는 증명을 얻고 싶다는

♥ 사진집 『미라이쨩未來ちゃん』 등을 펴낸 사진작가.

생각까지 했다.

  초등학생 때 이런 책을 발견했더라면 어땠을까. 나보다 훨씬 더 나이가 많은 피사체에게 지금과는 전혀 다른 감정을 품을지도 모르지만, 그래도 내가 모르는 곳에서 작은 행복이 깜박이다 사라졌음을, 천체관측처럼 멀리서 바라보는 기분으로 보았을 테지. 하지만 그것은 불가능하다. 내가 사진집을 보게 된 것은 꽤나 어른이 된 뒤다. 이제 모든 것은 손에 넣을 수 없는 과거가 되었다. 더는 없을 여름방학. 내가 모르는 추억이 여름의 빛을 반사하고 있다.

일상이 싫어

 시시한 얘기다. 내가 오늘 무엇을 먹었는지. 무엇을 입었는지. 그런 말은 하고 싶지 않다. 나는 텅 비어 있는 동굴 같은 곳에서, 그저 말을 쓰기 위해 수도관 같은 것을 두드려 울리고 있다. 인터넷에 일상을 쓰는 것이 싫어서 우회하듯이 블로그에 글을 썼더니 시 같은 문장이 되었고, 그게 어느새 일이 되었다. 내가 지금 중학생이라면 분명 일상의 한 부분을 끄집어내 SNS에 마구 흘리고 있을 게 분명하지만, 내가 중학생이던 15년 전에는 SNS가 존재하지 않았다. '누구나 발신할 수 있는 시대'는 시작도 되지 않았다. 발신하는 데 의의가 있는 일을 하고, 발신하는 사람밖에 없는 세계에서 사이트를 만들고, 블로그에 글을 쓴다는 건 아무래도 타인의 눈을 의식할 수밖에 없다. 시시한 글은 쓰고 싶지 않았다. 그래도 중요한 얘기니까 누군가와 공유하고 싶다, 와 같은 감정이 결여되어 있었다.

  인간이 인간이라는 데는 어떤 의미가 있을까. 인간이 살아가는 데 어떤 가치가 있을까. 다들 밥을 먹고 잠을 자고 옷을 입고, 그런 건 알고 있고, 인생 뭐 있냐고 막 내뱉으니까, 그래서 다들 텅 빈 채 일상을 반복해도 아무렇지 않은 게 아닐까. 그런 것에도 의미가 있고, 그런 것이 제일 좋다면 먹는 것도 가볍게 정할 수 없다. 나는 인간이라는 것과 언어를 쓰는 것, 그 어느 쪽인가를 우선시해야 한다면 후자를 선택하고 싶었다. 후자에만 빛을 비추고 싶다. 타인이 일상을 공유하는 일에는 별생각이 없었다. 제대로 맞장구를 칠 수가 없어서 상대가 화를 낸 적은 있지만, 지루하다고 생각하지는 않았다. 하지만 내게 남들처럼 대단한 일상이 없어서 불행하다고 생각한 적은 있다. 그저 반복하고 있다. 살아가고 살아가고 살아가며, 먹고 쓰고 자고. 그런 것들을 공유하고 싶다는 생각도 들지 않고, 일기는 계속 쓰지 못하고. 일상을 사랑하지 않는 건 분명, 인간으로서 마이너스기 때문이다. 언젠가 한계가 와서 글을 쓸 수 없게 된다면 비웃어주세요. 호호호. 하지만 한편으로 그런 일상의 공유가 불가능하기에 나는 비일상의 화신과도 같은 작품을 써온 것이리라. 10년 내내 문장으로 수다를 떨었는데, 친구를 만나도 할 말이 별로 없다. 내가 글을 쓰지 않았더라면, 그것을 읽어주는 사람이 없었더라면, 나는 어떻게 되었을까. 말하지 않고 지낸 적이 여러 번 있었다. '언제까지 내 일상을 남에게 보고해야 하나?' 같은 반 아이들한테 그런 생각까지 들었다. '들을 가치가 있는 일상'을 보여줄 수 없는 평범하고 시시한 내가 싫었고, 그래서 다른 형태로 무언가를 제공하고 싶었다. 발신하는 일, 전달하는 일, 그 의미나 의의를 생각하며 '아~ 그런 게 없어도 대화가 성립하는 것이 친구지'라는 정의에 기대는 것도 지긋지긋했다. 재미있게 해주고 싶다. 하지만 말하고 싶지는 않다. 이렇게 많은 인간이 있고, 모두가 타인인데, 일상 따위 보여주고 싶지 않다. 일상도 당연한 건 아니고 존재하기에 행복하지만, 그래도 나의 일상이 타인에게 전달할 만큼 의미가 있는 것도 아니고, 그래서 나는 텅 비었고, 그리하여 언어를 쓰게 되었다. 일상은 사실 행복의 결정체지만, 그렇다 해도 그걸 손바닥 위에 올려놓고 "아이, 눈부셔" 하고 말할 상황이 아니었다. 인간은 어디까지나 단순하게, 재미있는 사람을 좋아한다. 엉뚱한 사람을 좋아한다. 천재라는 생각밖에 안 드는 사람을 좋아한다. 보고 있으면 즐겁고, 재밌고, 일상 같은 건 거기에 비하면 역시 시시하다. 소중해, 소중하긴 하지만, 그래도 일상을 슬쩍 밀어버리고, 다른 것을 보여주고 싶다. 오늘 뭘 먹었는지는 알려드리지 않겠습니다. 궁극의 지루한 일상을 살며, 욕구불만에 가득 차서 원고를 쓰겠습니다.

10대에 공감하는 녀석들은
모두 거짓말쟁이

 장미꽃이 피는 시기나 시간에, 우리가 지저분한 욕이나 남의 소문을 지껄이고 있다는 사실을 모른 채, 소녀라느니 여자라느니, 그런 꿈같은 단어로 우리를 부른다. 꽃을 좋아하고, 설탕을 좋아하고, 치마 입고 바다나 산을 바람처럼 뛰어다니며, 사랑을 하고, 깔끔하게 실연당한다는 망상은 다 틀렸고, 같은 반 사토의 욕이나 하고 있다.
 하지만 어른들은 그런 우리의 진짜 순수한 부분, 아름다운 부분을 눈치채지 못한다. 어떤 의미에서 조금은 때가 타야 한다고 걱정할 정도로 순수하다는 사실을 말이다. 어른들은 우리가 어느 부분에서는 어른스럽고 분별력이 있기를 바랐다. 그러나 우리는 꼭 그런 부분에 한해 지나치게 순수했다.

여고생이나 여중생이라는 단어가 마치 꽃 없는 꽃병처럼 보인다.

'사랑'이나 '꿈'을 알고 있다는 사실이 다른 동급생보다 뛰어나다고 믿는 아이들은, 어른들과 마찬가지로 사랑과 꿈에 대한 환상을 품고서, 그 단어를 몰랐던 시절의 감정을 잊고 있기에 쓰레기다. 타인을 바보로 삼지 않으면 안 되는 자존심 같은 건, 말하자면 기반이 전무하다는 뜻이리라.

다른 여자애들을 먼발치에서 바보 취급하며, 쟤들과 나는 다르다고 외치는 아이는 어른들과 마찬가지로, 타인이 가진 진짜 아름다움을 모르고, 그것을 보려고 하지도 않는다. 본인이 다른 애들보다 낫다고 믿고 있지만, 과연 그럴까? 남을 경멸하는 것만으로도 클래스가 올라갈 거라고 철석같이 믿고 있는, 당신들이 훨씬 더 엉망진창 아니야?

우리는 대체로 비슷했고, 지금 어른이 된 사람들도 어렸을 때는 거의 비슷했다. 이게 생리현상 같은 것이라는 사실도 깨닫지 못하고, 사춘기나 반항기의 폭주가 아이덴티티나 오리지널리티라고 생각하는 그 애들의 유치함과 어리광에 신물이 난다. 나는 이 녀석들 바보 아닌가 하고 우유 종이팩을 말리며 생각했다. 그 애들은 교실 구석에서 콤플렉스를 끄집어내며, 대다수에 섞여들지 않은 것을 우월감으로 변환시켰다. 그러면서 "저 아이들과 나는 다르니까, 내 클래스가 더 높고 특별하다"는 이야기를 했다. 할 줄 아는 것도 없고, 취미나 특기도 없고, 공부마저 열심히 안 하면서, 자신의 아이덴티티를 지키기 위해 타인을 깔본다. 그런 하찮음도 깨닫지 못하는, 너희들이 바로 시시한 동급생 A라는 사실을 알아채야 하는 거 아니니.

사실 그런 건 아무래도 상관없다. 10대인, 나 이외의 인간이 어떤 청춘을 살건 나와는 영원히 관계가 없다. 나의 시를 읽어주는 사람 중에도 10대는 있었겠지만, 그들과 친구가 될 수 있는 것도 아니고, 내가 그들을 이해할 수 있는 것도 아니다. 나의 10대는 끝나버렸다. 어차피 다들 실패한다고, 청춘에서 얻을 수 있는 건 없고, 공연히 날뛰며 체력을 쓰고, 그리고 완전히 지쳐서 착하게 사회로 나올 뿐이라고, 그렇게밖에 생각하지 못했던 내가 지금 여기 있다는, 그뿐인 이야기다. 나는 나만이 소중하다. 나의 10대만이 아주 소중하고 아주 가엾고 아주 좋고 아주 자랑스럽고 아주 아주 아주 미워서, 말하고 싶고 쓰고 싶고 갖가지 말을 다 써서 부정하고 싶다. 그뿐입니다.

미래와 과거와 현재와
언어와 사진과 험담

 상대방이 강자라고 해서 상처 주어도 될까. 상대방과 함께 나도 상처받았으니까 상처 주어도 될까. 상대방이 나를 상처 입혔다고 상처 주어도 될까. 상대방이 틀렸으면 상처 주어도 될까. 상대방에게 들리지 않으니까 상처 주어도 될까. 전부 될 리가 없고 당연하다는 것을 잊어버리는 방법은 단 한 가지, 최악의 인간이 되는 것이고, 간단하고 자연스럽게 그게 가능한 게 인간일 텐데, 여러분은 어떻게 지내고 계십니까. 인간이 인간에게 건네는 험담은 전부 다 싫지만, 얼마 전 텔레비전에서 아이돌 그룹에 있으면서 혼자만 험담을 안 하고 있으면 쫓겨나고, 그렇다고 너무 심하게 해도 쫓겨난다는 이야기를 듣고, 험담이란 훌륭한 커뮤니케이션이라는 사실을 깨달았다. 다들 험담을 좋아한다. 고통스럽지만, 좋아해. 그렇지 않으면 이유도 없이 험담을 하는 사람이 그렇게 많을 리가 없다. 초등학생 때, 무슨 이야기를 하면 좋을지 몰랐던 내가 처음으로 '모두가 좋아하는 주제'라고 발견한 것이 험담이었다. 하지만 그 말을 하면 몸이 욱신욱신 쑤시고, 내 그림자가 무거워진 것 같고, 집에 가서도 그 생각만 나서 지긋지긋했던 기억이 있다. 나쁜 행위는 우선 내가 죄책감으로 고통스러우니까 해서는 안 된다는 사실을 그때 배웠다. 그렇다고 내가 남들에게 "다른 사람 험담이 나쁘니까 그만둡시다"라고 말할 수는 없다. 죄책감이 괴로워서 나는 안 한다는 게 제대로 된 사상인가. 험담은 좋지 않다는 사상은 무척 아름답고, 진심으로 그렇게 생각하는 사람을 보면 멋있지만, 고독해지는 게 두려워서 험담을 하는 사람의 마음을 이해할까? 더는 물러설 곳이 없어서 험담이 버릇이 된 사람은 어떤가? 나는 험담을 하는 게 괴로워서 싫고, 또 친구가 줄어들어도 괜찮으니까 험담을 하지 않지만, 그것은 단순히 유쾌함과 불쾌함을 저울에 달아놓은 결과며, 그렇게 친구를 끊어버렸다고도 할 수 있다. 조금도 아름답지 않다. 나의 사상은 단순히 '험담을 하는 인간에 대한 험담'일 뿐이다. 말하자면 글 앞머리에 쓴 말이 모두 나를 찌르는 말이다. 그렇다고 해서 내가 험담을 하는 인간을 부정했다고 하는 악의가 용서되는 것은 아니다. 누구나, 무엇이나, 다 그래.

사진집을 너무 많이 샀더니 가방이 무거워서 훌쩍훌쩍 울면서 서점을 나왔다. 이것이 풀 컬러의 무게인가 생각했다. 책이라는 물성 중에 사진집이라는 개념이 가장 좋다. 가끔씩 문득, 마구 사고 싶다는 기분이 든다. 전부가 전부가 전부가 과거라고 생각하면, 충격이야. 언어도 그렇지만, 언어란 애매모호하니까(글을 쓰는 인간이라 그런 생각을 하는지도 모르겠다. 촬영하는 사람에게는 사진도 '현재'며 '미래'인지도 모르지. 어쩐지 이런 이야기는 재미있다. 만드는 인간이란 늘 현재진행형으로 만들고 있으니까, 이게 먼 미래의 것이라는 감각이 오는 순간이 있는 게 아닐까 하고, 나는 나의 경험을 바탕으로 생각한다. 시간을 세로로 죽 늘어세울 수 있다면, 잘라서 형태를 만들 수 있을 것 같은 감각. 내가 오늘 이것을 쓰지 못했다면, 10년 후에 썼을지도 모른다, 같은, 그런 예감이 간혹 들어서, 훅 하고 숨이 새어나온다. 귀신의 집보다 더 가슴이 서늘해지는 기분. 미래와 현재가 포개어져 있고, 거기엔 분명 과거도 있지만, 책을 펼치는 사람 입장에서는 모조리 다 정지된 과거로 보이는 신비로움).

잘 모르는 정도가 딱 좋다

 타인에 대해 아무리 많이 공유되어도 내가 듣고 싶은 건 그게 아니라고 생각한다. SNS에서 배운 맛있는 음식, 좋은 음악, 그런 걸 알았다고 해도 나는 여전히 너를 모르고, 너를 만나고 싶다는 생각도 안 들어. 페이스북에서는 '친구'라고 불리지만, 타인이 모아둔 '좋아하는 것'을 읽는 것만으로도 그 사람의 대해 아는 건 아니다. 실례잖아.

 공유하고 싶다고 하는 감정이 아주 오랫동안 귀찮았다. 모르는 것은 무섭고, 모두들 피해버리니까, 그러니 아는 사람이라는 사실을 전달하기 위해서라도 자신의 많은 부분을 타인과 공유해야 한다. 다들 아는 무언가가 좋고, 다들 아는 친구가 있으며, 다들 아는 옷을 입는다. 그렇게 자신을 왜곡시켜 타인에게 알리고 이해받는 일련의 작업이 기분 나쁘다. 자신을 알릴 생각으로, 실제로는 자신을 점차 지워가며, 전혀 다른 것으로 만든다. 타인과 비슷한 척해야만 타인과 함께할 수 있다면, 그건 그 사람이 거기 있을 필요가 없다는 뜻이다. 그런 삶의 방식은 너무 슬프다.

  언어는 간단히 모든 것을 간략화시켜 전혀 다른 것으로 만들어버린다. 반 친구와 매일 점심을 먹고 음악 이야기를 하는 것으로 충분했는데, 그 관계성에 '친한 친구'라는 이름이 붙는다. 그것만으로도 무언가가 상실되었다. 나만의 감정이나 관계를, 타인에게 전하고 공유하기 위해, 단 하나의 기이한 형태를 띠고 있던 그것을, 기존의 개념으로 밀어붙여 쓸데없는 것을 잘라내버렸다. 그렇게라도 하지 않으면 타인에게 전할 수 없으니까. 전할 수 없다면 '의미 불명의 아이'라고 버려지고 마니까. 그렇게 필사적이 되었다. 하지만 버려진 것은 정말로 '쓸데없는 것'이었을까? 타인에게 자신을 열심히 알리면서도 스스로의 존재를 계속 부정했다. 그리고 그렇게 버린 것들을, 인간은 영원히 떠올릴 수 없다.

언어는 기분이나 사실을 전달하기 위해 태어난 도구다. 인간에 따라 조금씩 다른 것을 간략화하며, 서로 이해할 수 있는 형태로 바꾼다. 그런, 아주 소중한 도구, 아주 위험한 도구다. 언어로 표현하는 것만으로도 여러 가지가 쉽게 버려진다. 그 사람만의 작고 모호한 것들이 반올림하듯 사라진다. 뜻이 통하는 언어들만 살아남아, 그 사람 특유의 고유한 감정들을 뭉개어버린다. 그리고 그래도 나는, 언어를 다루는 일을 하고 있다.

나는 시인이다. 소설이나 신문의 언어가 이야기와 정보를 전달하기 위해 쓰이는 데 비해, 시에는 그런 목적이 없다. 그리고 그러하기에 나는 언어에서 버려진 것들을 시의 언어로 건져 올릴 수 있다고 믿는다. 시의 언어는 이해를 강요하지 않는다. 사람에 따라서는 의미를 전혀 알 수 없는 것처럼 보일지도 모르지만, 그렇기에 그 사람에게서만 나올 수 있는 언어가 늘어간다. 그런 언어가 너무도 귀여웠다. 이해할 수 없는 언어가 많으면 많을수록, 그 사람은 그 사람만의 인생을 살아온 것일 테니. 시인이 아니더라도, 시라는 형태가 아니더라도, 그런 언어는 분명 누구에게나 잠들어 있다. 공유한다거나, 공감한다거나, 그런 생각을 잊어버리면 분명 콸콸 넘쳐날 것이고, 나는 그런 언어를 훨씬 더 많이 듣고 싶다. 많은 사람들과 "무슨 소리를 하는지 모르겠다!"라며 웃어보고 싶다. 한 인간이 나와는 완전히 다른 생을 살아왔다는 것을, 소중히 하고 싶다. 100퍼센트 이해는 필요치 않고, 하고 싶지도 않다. 인간은 분명, 잘 모르는 정도가 딱 좋다.

~~~
## 재능, 노력, 동경, 다 멋진걸
~~~

최강을 좋아했다. 어릴 때 처음 좋아하게 된 유명인은 장기를 두는 하부 씨였다. 멋있는 아이돌보다도, 노래를 잘하는 사람보다도, 하부 씨가 좋았다. 하부 씨의 마스코트가 붙은 펜을 진심으로 소중히 간직했다. 그토록 사람을 숭배하고 좋아한 것은 내 인생에서 하부 씨뿐이었다. 장기를 그리 좋아한 것은 아니었지만.

천재, 최강, 두말할 나위 없는 강자는 멋있다. 캐릭터 역시 최강이 좋다. 아마도 그 사람 본인은 그렇게까지 '최강'을 즐기지 않는다는 게 훨씬 더 좋다. 자신이라는 그릇은 무한하며, 자기가 아무리 그 그릇에 물을 부어도 흡족하지 않다는 걸 누구보다 잘 알아서, 말하자면 자신이 '평범하다'고 생각한다. 그럴지도 모른다. 이것은 겸허함 같은 게 아니라, 절망에 대한 이야기다(그리고 딱히 하부 씨의 이야기는 아니다). 천재란 노력하는 천재를 가리킨다는 말이 있지만, 그건 누구보다도 '노력해야 하는' 자리에 있기 때문이 아닐까. 아직 부족하다는 것을, 아마도 스스로가 가장 통감하리라. 그런 갈망을 알고 있는 사람이야말로, 인간으로서 어디까지나 '살아 있음'을 느낀다.

하지만 의외로 현실에는 최강이라는 인물이 좀처럼 없다. 공부에는 순위가 나오지만, 그래도 그건 '강함'의 승부가 아니다. 범위가 있고, 기준이 있고, 그런 부분에서 측정할 수 있는 강도는 별 의미가 없다. 나는 공부가 좋았고 즐거웠기 때문에 나름대로 좋아하는 과목을 했지만, 그래도 공부란 어디까지나 '이제까지의 나'와 비교하여 의미가 드러나는 행위이고, 타인과 경쟁하는 게 큰 의미가 없으며 카타르시스도 없다. 흥미나 관심의 발산 행위일 뿐이다. 또 그것이 학문이나 연구가 되면, 더는 싸움의 영역이 아니라 개척의 영역이 되므로 최강이라는 개념이 사라진다. 머리가 좋다는 건 경쟁의 영역이 아니다. 스포츠나 머리를 쓰는 스포츠라 할 수 있는 장기 같은 것은 역시 다양한 의미로 서로 싸우며 맞설 수 있는 '최강'의 의자가 있기에, 비현실적이고 좋다고 어릴 때 생각했다(예술은 그 부분이 애매하고). 그리고 그 무렵 하부 씨가 약간 인기였다. 동경했다. 스포츠도, 머리로 하는 스포츠도 그다지 좋아하지 않지만, 그런 픽션 같은 사람의 존재를 허락하고 있었기에 재미있었다. 순위를 정하고, 재능을 보고, 절망적인 느낌도 있지만, 그래도 거기에서 고통받지 않는 사람은 없다. 재능이 있건 없건 괴로운 부분은 절대적으로 존재하기에, 다양한 사람의 특징이 강조되고, 부각되는 '시합'이라는 형태가 압도적으로 재미있다.

예를 들어, 『슬램덩크』의 안경 군이 나오는 장면(간단히 말하면 열심히 노력을 해온 사람이 보상받는 장면)은 내게 『슬램덩크』 최고의 장면이다. 처음 읽었을 때는 "우아아아앙!" 하고 울면서 읽었는데, 나에게도 천재라거나 최강이라거나, 그런 개념이 존재하기에 감동한 것이리라. 그런 강한 인간을 동경한 적이 있고, 동경했기에 스타트라인에 설 수 있었는지도 모른다. 하지만 최강으로 가는 인생에는 도무지 익숙해지지가 않았다. 그래도, 그렇더라도, 최강에 다가서려고 하는, 그 에너지만큼은 아름답다. 아름다움을 동경하기에, 그것을 향한 동경도 아름다워진다고 생각한다. 그래서 나는 재능, 최강, 노력, 동경, 전부 다 최고라고 생각한다. 전부 존재하니까 재미있는 거겠지. 천재는 어디까지나 천재로, 동경은 어디까지나 동경으로 향하길. 산다는 건 그런 거다.

프로페셔널 룰

며칠 전, 한 패션 잡지 편집자와 이야기를 나누었는데, 내 매니큐어 브랜드를 한 번에 맞혀서 무척 당황했다. 프로란 대단하구나. 이럴 때 사람들과 대화를 나누는 게 즐겁다. 솔직히 이런 건 어른이 더 재미있다. 일. 일이란 참 신기하다. 얼마 전까지 국어 산수 과학 사회를 골고루 공부하며, 하기 싫어도 해야 한다는 소리를 들었고, 체육도 필수였고. 똑같은 옷을 입고, 똑같은 룰을 따르며, '우리는 로봇 공장에 다닌다'는 비유라도 하고 싶은 기분으로 학교에 다녔는데, 일은 전문 분야 중에서도 전문 중의 전문이 아닌가! 아무런 공통점도 없다! 갑자기 다들 뿔뿔이 흩어져서 서로 모르는 전문용어를 꺼낸다. 편집자라면 갑자기 출판업계 용어를 내뱉어서 상대방을 "??" 하는 표정으로 만들어놓고는 정작 자신은 그런 줄도 모르고 이야기를 계속할 때가 재미있다. 오, 이 사람한테는 이런 언어가 일상용어로구나……! 인생이란! 하고. 모두들 다른 사람들은 모르는 걸 알고 있고, 그 사실을 본인도 알아채지 못한다. 최고다. 학생의 평균치 교육(이라고 나는 부른다)은 다 어디로 갔단 말인가! 싶은 이 거리감. 평균치 교육의 은혜로, 제대로 일하는 사람일수록 자신이 평범하다고 믿는다. 센티멘털 같은 감정보다 훨씬 더 멋져. 물론 학생 때도 각자 좋아하는 게 다 달랐다. 그러나 '취미'에서 발전한 지식은 아무래도 자랑하고 싶어지고, 무지함을 부끄러이 여기며 경멸할 가능성도 있지만, 일을 하며 얻은 전문 지식은 과시할 만한 게 아니라고 할까, 애초에 너무 깊이 빠져 있어서 다른 생각을 하지 못한다. 사회와 융합해서 완전히 어우러진 게 멋있다. 무의식에서 드러나는 전문성은, 인생의 폭이 잘 드러나서 즐겁다.

당연한 걸 하고 있지만, 제3자가 보기에는 당연하지 않은 경우가 많고, 그것이 아마도 인생이리라. 일이란 '당연한 것'을 생산하는 훌륭한 동기다. 내게도 분명 그런 것이 있을 테고, 나를 인터뷰하는 사람들은 그런 이야기를 듣고 싶을 거라는 생각도 든다(제대로 이야기할 수는 없지만). 사춘기적 발상으로 말하자면, "감각이 직업에 따라 연마된다니. 사회의 노예나 마찬가지잖아. 목걸이를 자랑하는 노예랑 뭐가 다르지?" 싶겠지만 나는 학생 때 들었던 친구의 이야기보다, 사회에서 일을 시작한 친구의 이야기를 듣는 게 훨씬 더 재미있다. 아, 살아 있구나, 타인이구나 하고 절절히 느낀다. 직업은 말하자면 세계를 잘게 쪼개어 모두가 그 조각을 각기 조금씩 등에 업는 방법이며, 평균적으로 모든 것을 집어넣은 학생 시절에 비하면 훨씬 더, 타인은 타인일 수밖에 없다는 사실을 인정하기 쉽다. 음, 그래서 아무튼, 좋아하는 것들을 이야기할 때보다 일에 대한 이야기를 할 때, 좀 더 '인생'의 냄새가 난다, 라는 이야기였습니다.

세계는 불친절한 이야기

이야기가 나를 키웠다는 감각이 없다. 그 부분에서 타인과 소통이 잘 안 된다 싶을 때가 있다. 어릴 때, '이해할 수 없지만 무언가 움직이고 있는 이야기의 단편'을 보는 것이 좋았다. 이해하지도 못하면서 텔레비전 시사 프로 같은 걸 멍하니 보는 게 좋았다. '세상에는 내가 모르는 곳에 문맥이 있구나.' 그것은 그것대로 유쾌했다. 초등학교 저학년 때 텔레비전에서 애니메이션 〈에반게리온〉을 방영했는데, 시간상 볼 수 있는 때와 볼 수 없는 때가 있었고, "너무 어려서 무슨 뜻인지 하나도 모르겠네" 하며 멍청히 보는 게 즐거웠다. 그 후로 10년

동안 그게 〈에반게리온〉이었다는 것도 깨닫지 못했고, 내 기억이 〈에반게리온〉이라는 사회현상과 이어지는 일도 없었다. 하지만 어른이 되어 다양한 기억의 단편을 주워 모으며, "아, 그게 〈에반게리온〉이었구나!" 하고 깨달았다. 하긴 저학년에게는 너무 일렀을까.

 이해한다는 것, 이야기를 차근차근 더듬으며 얻는 쾌락이라는 것을 그다지 맛보지 못했다. 동네 언니가 이사 가면서 준 순정 만화 네 권을 읽기도 하고, 1권부터 34권까지는 본 적도 없는 시리즈 만화의 35권을 갑자기 사기도 하고, 책도 중간부터 내용도 모르고 그냥 막무가내로 읽었다. 그걸로 즐거웠으니까. 나는 아마도 제대로 이야기를 이해하며 성장하지 못했다. 그렇기에 이야기의 짜임이 없는 문장이 즐거워 시를 쓰는 것인지도 모른다. 설명을 추구하지 않는 게 좋았다. 내게는 그저 이야기를 소비하는 행동이 자연스러웠고, 꼭 기승전결을 다 알아야 속이 시원한 타입은 아니었다. 인간도 과거에 무슨 일이 있었는지 모른 채, 현재만을 스쳐 지나가지 않나. 언제나 알 수 있는 건 그 사람의 단편이었고, 다른 것은 오히려 모르는 게 마음 편했다. 이해하기 위해 반드시 거쳐야 하는 절차가 번거로웠으며, 그렇기에 문맥을 잘라낸 노랫말이 좋았다. 물론 이야기와 완전히 연을 끊고 산 건 아니었다. 어떤 의미에서 '불친절한 이야기'라고 부를 수 있는 작품에는 그리운 감정을 느낀다. 어릴 때 텔레비전에서 본 '잘 모르겠지만 무언가가 움직이고 있다'라고 하는 감각이 여기에도 있구나 하며 작품을 대한다. 순문학이라는 소설은 아마도 그런 것이 아닐까, 하고 가끔 생각하지만 어쩌면 잠이 덜 깬 탓인지도 모른다. 세상 모든 것이 내가 이해하기 쉽도록 깔끔하게 정돈되어 보인다고 생각하면 큰 오산이다. 나라고 하는 존재는 타인이 전혀 이해할 수 없는 부조리한 생명체며, 이해를 바라는 것부터가 말도 안 되는 폭력이다. 이런 가치관은 이야기를 이해하지 못했던 나의 과거가 길러주었다. 상상 이상으로 타인은 나를 이해할 수 없고, 이해할 수 없기에 나는 자유롭다. 생명체다. 그리고 타인을 부조리할 정도로 이해하지 못한다. 이해하지 못한 채, 그래도 그 사람이 거기 있다는 사실을 어린 시절 텔레비전에서 보고 유쾌하다고 생각했던 것이리라.

아이스크림 인 겨울

"좋아하는 음식이 뭐예요?"라는 질문에 답하는 게 쭉 힘들었다. 일부러 고를 수 있는 음식 장르가 있다는 건 특별한 일이다. 초콜릿도 종류가 다양하고, 맛도 이것저것 다 다르다. 피자 하면 어떤 이미지가 떠오를까. 얇은 도우, 두툼한 도우, 들어간 재료는? 토마토소스? 크림소스? 정체를 알 수 없는 수수께끼 같은 음식이 레스토랑 코스로 나와서, 이름은 모르지만 먹어보니 의외로 맛있네! 라고 했을 때, 그 음식을 바로 좋아하는 음식에 포함시킬 수 있을까. 어렵다. 맛있다거나 예쁘다거나 그런, 오감에 의한 감동은 굉장히 찰나적이고 한순간에 잊히는 것이다. 그래야 한다. 그래서 정확히 통계 내기 어렵다. 문득 창밖으로 보이는 아침 해가 아름다워서 감동했다 해도, 5년 전 홋카이도에서 본 절경에 비할 수 없다. 맛있는 것도 예쁜 것도 정말 여기저기 수없이 많다. 그중에서 가장 좋아하는 음식을 찾아낼 수 있다니 진짜 대단해. 나는 그냥 맛있는 음식이 좋다. 그뿐이다.

고베는 팬케이크의 마을이다. 새로운 빵집이 생기고는 망하고, 해외의 케이크 가게가 무슨 착오가 있었는지 일본 첫 상륙 무대로 고베를 선정한다. 어디에 무엇이 있는지, 그게 빵인지 케이크인지 내가 깨닫기도 전에 빵과 케이크 지도 갱신이 필요해지는 마을. 밀가루 소비량이 일본에서 가장 높지 않을까 했지만 그건 아니겠지. 밀가루 대국 오사카가 바로 옆에 있다. 그런 상식마저 잊어버릴 만큼 고베의 아침은 빵 굽는 냄새로 가득하고, 저혈압이 있는 나는 그게 못 견디게 싫었다. 나를 뺀 거의 모든 사람이 같은 것을 편애한다는 사실은, 그것만으로도 화가 나는 상황이다. 이처럼 "빵이든 케이크든 다 좋아하죠?"라는 텐션으로 다가오기에, 나는 분해서 아이스크림이 좋아졌다. 반발심이 계기였는지도 모른다. 빵이나 케이크와 달리 입안의 수분도 유지시켜주니까, 일부러 건조한 겨울에 아이스크림을 먹게 되었다.

하지만 실제로 먹어보고 알게 된 건, 겨울에 먹는 아이스크림이 진짜 맛있다는 사실이다. 코타쓰♥ 속에 들어가 아이스크림 뚜껑을 열고 조금 기다린다. 코타쓰 판자에서 아이스크림으로 서서히 옮겨가는 열기 덕분에, 여름보다 천천히, 아마도 분명 정성스럽게, 아이스크림이 녹아간다. 여름 아이스크림은 녹으면 끈적거려서 불쾌하지만 겨울은 다르다. 겨울 아이스크림은 녹으면 "자, 아이스크림입니다" 하는 얼굴이 된다. 아아, 크림이야. 겨울에 녹은 아이스크림에는, 위로가 있다. 좋아하는 음식은 아이스크림이라고 결정하면서, 남들에게 얘기해봐야 별수 없는 것들을 점점 더 술술 늘어놓게 되었다. 그러면서 확실히, 내 안에서 아이스크림에 대한 애정이 더욱 자랐다. 좋아하는 음식이라고 정하는 순간, 그 음식이 정말로 '좋아하는 음식'으로 변용되는 감각. 아이스크림을 먹을 기회도 늘고, 결과적으로 좋아하는 아이스크림을 찾아다니는 성실함까지 갖추게 되었다. 본말전도지만, 인간은 이렇

♥ 상에 이불을 덮고 상판 밑에 온열 기구를 달아 하반신을 따뜻하게 하는 가구.

게 기울어가는 존재인지도 모른다. 고베 덕분인지, 사춘기 덕분인지, 지금은 "겨울은 아이스크림의 계절"이라고 태연하게 말하고 다닐 정도로 아이스크림이 좋다.

만듭시다 만듭시다 만듭시다

 작품을 만들 마음도 먹은 적이 없는 사람, 만든 적도 없는 사람이, "내가 만들면 걸작이 나온다"라고 말하고 다니는 건 자주 있는 일로, 만들기 전에는 모두 "지금부터 만드는 건 걸작이다"라고 믿는다. 당연한 일인지도 모른다. 상상 속에서는 본래 엄밀히 만들어야 하는 세세한 부분을 애매하게 놔둘 수도 있고, 모순을 무시할 수도 있다. 그래서 만들고 싶은 건, 상상한 대로 100퍼센트 실현할 수 있다고 믿는다. 하지만 실제로 만들기 시작하면 상상을 100퍼센트 실현하는 게 불가능하다는 사실을 알게 된다. 알아버린다. 만들기 시작하면서부터 실전이다. 모든 의미에서.

내 안에서 상상하던 것을 만든다고 해서, 그걸 100퍼센트 밖으로 끄집어낼 수는 없다는 사실을 처음으로 알았다. 머리에 프린터라도 장착해서 인쇄하지 않는 한, 마음먹은 그대로의 작품을 100퍼센트 실현하는 것은 불가능하다. 승부는 그 상태에서 어떻게 상상 속의 걸작을 현실의 작품으로 만드느냐다. 머릿속에는 걸작이 있고, 그렇기에 만들기 전까지는 행복했다. 그 행복을 부수면서까지 현실을 알아야 할까. 작품을 만드는 작업은, 그 걸작을 어떻게 하면 멋있게 세상 밖으로 끄집어내는지가 관건이다. 안 해도 된다면 안 하고 싶어도 이상한 일이 아니다.

하지만 내가 정말로 좋아하는 일은 거기서부터 시작되는 환멸의 반복이다. 작품을 만들고, 완성된 상태에 환멸을 느끼며, 제대로 꺼낼 수 없다는 사실을 깨닫는다. 거기서부터 갑자기, 상상했던 것과는 전혀 다른 것이 우발적으로 튀어나오는, 그런 감각이 사랑스럽다. 예상이나 이상과도 다른, 그러면서 퇴화한 것도 아닌, 무언가가 흘러넘쳐 작품이 되었을 때, 그게 무엇보다 즐겁다. 그 사실을 모르고, 작품을 만들기 전 상상 속의 걸작에 마음을 빼앗겨 눈앞에 있는 작은 만족감과 타협하며, 이 커다란 기쁨을 알지 못한 채 끝나는 일이 없어서 다행이다. 이렇게 즐거운 순간을 모른다니 말도 안 된다.

　작품을 만들기 전 계획을 세우는 단계에서는, 진짜로 시작되는 것은 아무것도 없다. 상상 이상으로 아무것도 시작되지 않는다. 그 생각을 한 뒤로 쭉, 일단은 만들기 시작하기로 했다. 맨 처음 한 문장을 쓴다. 설계도나 상상도가 나에게는 아무런 의미도 없었다. 좋아, 이렇게 가면 괜찮은 작품이 나올 거야. 그렇게 방심하며 나는 필사적이지 않게 되리라. 그러니 어떻게든 우선은 만들고 싶다. 예상 밖의 행동을 하는 내가 아마도 나를 제일 놀라게 할 것이기에, 환멸도 하고 싶고, 예상한 것 전부를 뒤엎는 경험도 하고 싶다. 그리고 즐기고 싶었다. 뇌의 표면에서 이리저리 따지기보다는, 전부 감각에 맡기고 뇌 전체의 본능적인 부분, 잠재적인 부분에 맡김으로써, 어떻게든 된다. 그것은 어떤 의미에서 당연한 일이리라.

지금 이 순간만을 사는, 음악

처음으로 좋아하게 된 밴드가 한참 전에 해체했을 때의 충격은 말로 표현할 수 없다. 내가 블랭키 젯 시티♥를 듣고 충격을 받아서, 아, 머리에 구멍이 뚫리면 이렇게 개운한 기분이구나! 정신이 번쩍 든다! 했을 때, 이미 블랭키는 해산했었다. 갈 수 있을 리가 없는 야외 록 페스티벌, 갈 수 있을 리가 없는 공연에, 어른들이 몇 년 전 써둔 인터넷 리뷰를 중학생이 이리저리 뒤져 읽고는, 그때 음악이라는 것이 끝났다는 걸 알았다. 죽어버렸구나. 뭐 그런 거지, 바흐도 죽었고, 다들 죽었어.

♥ 일본의 3인조 록 밴드. 1987년 결성해 2000년 해체했다.

그래서 지금 살아 있는 뮤지션을 찾아내는 일이 가장 중요했다. 나는 물론 그 뒤로, 블랭키의 멤버가 제각기 소속된 다른 밴드 노래도 다 들었고 공연도 갔다. 야외 페스티벌도 수없이 갔지만, 그래도 역시 손에 넣을 수 없는 것이 있었다. 아무래도 그것이 갖고 싶었다. 필요했다. 해체한 것을 알았을 때의 상실감. 그 한순간을 원했다.

그것은 지옥은 아니었다. 그렇게 슬프고, 그러면서 분하지 않은 이별도 없다. 내가 본 것은 살아 있는 무엇인가였다. 그걸 깨달은 동시에, 그것이 죽어버렸다고, 끝나버렸다는 걸 알게 된 순간의 전율, 그 고열에 잠기고 싶었다. 밴드든 뭐든 여러 사람이 모여 만든 것에는 생물이 갖는 열기 외에 또 다른 열기가 깃들기 마련이다. 죽어버리면 인간은 끝이지만, 사람들이 모이는 건 다시 부활할지도 모른다는 예감이 있어서 기대하는 것도 가능했다. 하지만 그것은 인간이 다시 살아나는 것과 비슷한 수준으로, 일어나기 어려운 일이었다. 인간이 같은 장소에 모여 같은 일을 한다는 것은, 실은 말도 안 되는 기적이다. 학교나 회사나 그런 조직에 소속되어 있으면 깨닫기 어렵지만, 고양이처럼 자기 세력 범위가 있는 것도 아니니 다들 어딘가로 갈 수 있고, 같은 곳을 보는 일도 드물며, 만나는 일조차 거의 없다. 그런 기적을 기적이라고, 가장 먼저 내게 알려준 사람들이 해체했다니. 그리고 기적이니까, 부활은 상상 이상으로 어려울지도 모른다. 죽으면 기적의 가능성을 제로로 만들어주니까 상냥하다고 해야 하나. 바흐도 모차르트도 상냥하다.

그래서 이런 글을 쓰며 열심히 블랭키를 듣고 있고, 아아 역시 멋있어 하며 괴로움에 몸부림치는 대신 이런 문장을 쓰고 있다. 그만큼 나의 중학교, 고등학교 시절을 불태워준 음악이었는데, 그 시절 이후로 수많은 음악을 좋아했지만, 지금도 블랭키가 싫지 않고, 흑역사 따위가 아니며, 이런 나조차 대단하다. 아니, 블랭키가 대단할 뿐이지만. 이런 생각이 드는 건, 맨 처음 음악을 들었던 그때, 이미 그 그룹이 해체했기 때문일까. 음악 프로듀서인 가모 씨가 밴드의 해체는 그 밴드 팬들의 청춘이 끝나는 것을 뜻한다고 트위터에 썼는데, 그렇다면 나의 청춘은 처음부터 끝나 있었다. 어른이 되어 '여기까지는 흑역사였어'라고 구분 짓는 타이밍도 놓치고 말았다.

문득 어쩌면 인간이 정말 진심으로(장래에 부끄러워질 정도로) 좋아하는 건, 현재진행형으로 변화하는 것이 대상이어야 하지 않을까 싶다. 변화한다는 건 사랑을 시험하는 일이며, 그래도 변함없이 뒤따라 사랑을 키워나간다. 내 경우는 '글쎄?' 싶지만, 이러니저러니 해도 그런 게 지상의 무수한 사랑을 키운다는 사실만큼은 부정할 수 없다. 아이도 귀여운 건 두 살까지라지만, 그래도 쭉 두 살인 것보다는 점점 성장하는 게 귀엽다고 할까, 사랑스럽다고 할까, 그렇게 보이는 게 아닐까(라고 대충 발언을 해본다). 관엽식물도 변화가 전혀 없는 것보다는, 꽃도 피고 하는 게 잘 팔린다(놀랄 만큼 대충이네). 변해간다는 것은 살아 있음의 상징이며, 그것이야말로 가장 '존재'에 가깝다는 결론을 내리고 싶은데, 이것도 탁상공론이니 무리는 있다. 그보다 내가 블랭키를 지나칠 정도로 좋아했다는 사실을 부정할 마음은 없다. 하지만 그 후로도 나는 쭉 3인조 밴드의 음악을 들었으니까, 이런 식의 변화도 사랑을 키운다느니 하는 기분 나쁜 이론이 맞았다고 할 수도 있겠다. 괜찮다. 오케이.

아무튼 10대 때는 공연장 같은 데 가기 어렵겠지만(나도 그랬다), 하지만 공연은 역시, 갈 수 있을 때 가는 게 좋다. 동시대를 살아간다는 것만으로도 기적인데, 만약 밴드마저 아직 현역이라면 그런 기적을 내가 먼저 내동댕이칠 이유는 어디에도 없다.

제대로 미움받고 싶다

 점원이 지나치게 매뉴얼대로 행동한다는 비난을 종종 듣는데, '매뉴얼 손님'인 나로서는 그런 이야기를 들으면 조금 우울해진다. 그런 아르바이트 경험이 있어서인지, 나는 가게의 점원을 배려하며 주문을 한다. 매뉴얼을 벗어난 내용은 묻지 않고, 애초에 매뉴얼에서 벗어나는 일을 아예 하지 않는다. 카페에서는 물어보기도 전에 주문할 메뉴와 사이즈와 테이크아웃 여부와 따뜻한 음료인지 차가운 음료인지를 한 번에 말하며, 줄여서 부른다거나(아이스 아메리카노를 '아아'로 부르거나), 손가락을 내밀어 가리키는 것만으로 주문하는 일은 있을 수 없었다. 점원이 똑같은 대사로 무엇을 주문할지 묻는 행위를 매뉴얼이라고 한다면, 손님으로서 나의 행동 역시 매뉴얼대로다. 그런 내가 대단히 한심하다고 느낄 때가 있다.

나는 오래전부터 룰을 잘 모르는 장소에 가는 게 두려웠다. 어릴 때는 혼자 은행이나 우체국에 가는 것도 무서웠다. 버튼을 누르고, 카드를 받고, 내 대기 번호가 불리면 접수창구에 간다는 당연한 룰을 몰랐던 나는, 어떻게 대응하면 좋을지 알지 못했다. 아직 어렸으니 은행원에게 물어보면 됐을 텐데 그걸 못 했다(인터넷 보급 전이었던 까닭도 있고). 아무튼 사회란 온통 룰 천지라, 처음부터 하나씩 배워야 한다는 사실이 정말로 우울했다.

내 경우 매뉴얼 손님이란, 자기 '주장'에 책임을 지지 못하는 사람이 아닐까 한다. 가게에서 매뉴얼을 조금 벗어난 주문을 했더니 안 된다고 해서 단념했는데, 다른 날 더 당당한 손님이 "이렇게 해줘! 부탁해!"라고 해서 가능하게 만든 경우를 본 적이 있다. 목소리가 커서 일이 되는 경우는, 목소리가 작은 사람일수록 더 자주 발견한다. 아무도 강요하지 않았지만 매뉴얼을 따르려고 하는 것은, 말하자면 '투명'한 존재가 되고 싶어서가 아닌가 하고 내가 싫어졌다. 고등학교 시절에는 자기주장도 중요하며, 자기 생각을 이야기해서 일이 추진되는 경우가 있으므로, 그런 성격으로 살자 싶었다(내 주위 대부분의 사람들은 '주장은 중요하다'고 가르쳤다). 하지만 자기주장을 하면서 나의 제멋대로인 성격 때문에 자기혐오가 심해졌다. 남이 볼까 봐 '투명'해지고 싶은 게 아니라, 스스로 '투명'해지고 싶었다는 사실을 알았다. 주장이 받아들여지지 않아도 좋으니, 내가 얼마나 제멋대로인지 알고 싶지 않은 것이다. '주장하지 않는다는 것'까지 자기혐오를 한다면 이거야말로 진짜 제멋대로다.

하지만 주장을 해서 타인을 불쾌하게 만드는 경우가 있다. 폐를 끼치는 경우도 있다. 그것은 피할 수 없다. 나는 기본적으로 친하지 않은 사람에게 왜 진심을 말해야 하는지 알 수가 없어서, 상대가 점원이 아니더라도 타인에게 매뉴얼을 따르는 태도를 취하는 경우가 많았다. 가능한 한 상대가 불쾌하지 않도록, 이를 우선으로 두고 대응했다(본심을 들킨다 해도 곤란하기만 하다). 이것은 상냥함도 뭣도 아니고, 상대방의 '불쾌감'

에서 벗어나는 수단일 뿐이다. 하지만 이것이야말로 예의라는 생각도 한편으로 들었다. 그리고 그런 가치관을 착착 허물어뜨린 것이 뭐든 참견하는 오사카와 그 주변, 그러니까 간사이라는 토양이었다. 고베에 태어나 간사이 사람에게 둘러싸일 기회가 많았던 나는, 어느 날 문득 타인으로부터 받는 '유쾌함'이나 '불쾌함'이 커뮤니케이션의 억양에 다름 아니라는 충격적인 사실을 깨달았다.

타인을 '불쾌'하게 만드는 것도 커뮤니케이션의 한 방도다. 이런 말은 조금 야만적으로 들리겠지만, 실제로 이런 커뮤니케이션이 가능한 사람은 극소수여서, 흉내만 내다가 야만적인 데서 그치는 사람도 많다. 아무튼 내가 이 방법을 알게 된 것은 간사이에서 '이지리♥'라고 불리는 회화 기술을 통해서였다. 상대가 평소 감추고 있는 부분, 이야기하고 싶어 하지 않는 부분을 일부러 이야기하면서, 상대가 보이는 '불쾌감'을 발판으로 대화를 심도 깊게 이끌어가는 방법이다. 이것을 잘하는 사람은 상대가 뭘 건드리면 진심으로 화를 내고 상처를 받는지 제대로 판단하고 있고, 그리고 그 부분을 일반 사람들

♥ 괴롭힘이라는 뜻의 일본어.

보다 훨씬 더 존중한다(그런 사람이 남의 험담을 하는 건 본 적이 없다). 은근히 가려진 부분, 혹은 남들이 신경 써서 건드리려 하지 않는 부분을 잘 골라내서, 상대가 싫어하지 않는 정도로만 가볍게 파고든다. 그러면 상대도 그동안 꺼리며 못 했던 말을 툭 꺼내놓게 된다. 살짝 미움을 받으면서, 결과적으로는 상대의 짐을 덜어내는 수법이다. 이는 일종의 재능이므로, 후천적으로 익히려 한다면 그냥 테이블 매너나 배우는 게 낫다. 또, 이걸 할 수 있다고 믿는 간사이 사람 중에 제대로 하는 사람은 정말로 드물다는 사실을 혹시 몰라 적어둔다.

남에게 미움받기를 두려워한다는 건, '현시점에서는 사랑받고 있다'고 믿기 때문이다. 언터처블의 시바타 씨가 한 말인데, 미움받는 걸 그렇게까지 두려워할 필요는 없다. 상대가 정말로 상처받는다면 당연히 그만둬야겠지만, 그저 자신이 미움받는 정도로 끝나는 이야기라면, 그 가능성까지 선택지에 넣는 건 커뮤니케이션으로서 오히려 성실한 태도인지도 모른다. 나는 가끔씩 그런 사람을 만난다. 그리고 늘 매뉴얼을 지키는 내 태도가 다른 무엇보다 제멋대로며, 나르시시즘

넘치는 일이라는 걸 깨달았다. 그렇다고 '이지리' 같은 고등 전통 예능을 익힐 수 있을 리도 없어서, 그저 미움받을 가능성에서 도망치지 않을 뿐이다. 그리고 아주 조금 더 자기주장을 할 수 있게 되었을 뿐이다(미움받는다는 건 여전히 힘들지만). 하지만 미움받는 데서 도망치지 않는다는 것은, 자기가 하는 일에 책임을 진다는 것인지도 모른다. 뭐 그런 이유로, 친구들 중에 나를 싫어하는 사람이 조금 늘었고, 그리고 나를 재미있다고 말해주는 사람도, 조금 늘었다.

너도 그 아이도 콘텐츠

 메타포는 현실을 멀리하기 위해서가 아니라, 현실을 돌파하기 위해 존재한다고 믿고 있다. 별자리가 밤하늘의 의미와 가치를 확장시키듯…… 이라는 말은 약간 뜻이 다를지도 모르지만, 그래도 어쨌든 속이는 게 아니라 확장시키는 언어다. 별자리를 떠올리면, 오래전 언어는 그림이었겠구나 싶다. 누군가와 별을 공유하기 위해, 별 이름을 짓기 전에 먼저 그림을 그렸다. 지금처럼 언어가 강조된 것은 언어의 강도가 강해졌기 때문일까. 인터넷도 한몫했겠다.

나는 글 쓰는 일을 하고 있고, 말하자면 서정성이 생업이다. 리리시즘은 읽는 사람의 일상에 바싹 다가선 것이라고 믿기에, 가능하다면 투명하게 존재하고 싶다. '사이하테 타히의 언어'라고 했을 때 분명히 떠오르는 특징이 없기를 바란다. 읽는 사람이 '이것은 나를 위한 언어'라고 믿을 정도로 확실히 자기 것으로 만들기 위해서는, 작품이 작품만으로 존재하는 편이 좋지 않을까. 올바른 해석 같은 것은 아무래도 좋다. 작품은 작가의 인물상을 알리기 위한 매개체라는 개념은 나의 작품과 어울리지 않는다. 그래서 써낸 작품이 전부기를 바라고, 사람들 앞에 나서서 작가상을 강조하는 행위는 하지 않으려고 하고 있다. 하지만 그렇다면 어째서 그렇게 블로그에 줄줄이 글을 쓰나. 가끔 인터뷰에서 그런 질문도 받는다. 하지만 웹 일기란 진짜 일기가 아니라 표현 매체의 일종이다. 블로그가 개인적인 공간이라고는 생각하지 않는다. 누군가가 보고 있다는 걸 전제로 글을 쓰는 시점에서, 블로그는 원고와 큰 차이가 없고, 당연히 공과 사가 혼동될 일도 없다. 인터넷에 많은 글을 쓴다고, 어째서 사적인 발언을 하고 있는 것처럼 보이는지도 의문이다. 애초에 인터넷에 '사적'인 것은 없다. 프라이버시 따위 없다. 언제나 '공적'이다. 길을 가다 마주친 것과는 달리, 누가 무슨 말을 했는지, 그 사람이 지금까지 무슨 말을 해왔는지, 유명하건 무명이건 관계없이 찾을 수 있게 되었다. 자기 아이디와 계정에 꼬리표처럼 붙은 표현의 집합체가 완성되고, 누구나 그것을 볼 수 있다. 예전에 블로그에 "인터넷은 개인의 캐릭터조차 콘텐츠로 만든다"라고 쓴 적이 있는데(아마도), 나는 나 개인이 아니라, '사이하테 타히'라는 콘텐츠를 만들고 있다는 의식밖에 없었다. 거기서 인간성을 찾아낸다는 건 엉터리 같은 이야기다. 다들 인터넷에서 콘텐츠로서의 '나'를 만들기 위해 생각을 발신하고 있다는 걸 의식해서, 스스로 인터넷에 쓸 수 있는 화제와 쓸 수 없는 화제를 구별하는 게 아닌가 하는데, 어떨까. 우선 나는 나라는 존재를 알리고 싶다기보다, 콘텐츠를 만들고 있다는 느낌이다. 이런 글쓰기 방법이 내 마음을 편안하게 한다. 어디까지나 나라는 존재는 언어의 집합체일 뿐. 그게 너무 좋다. 무대 위의 배우가 진짜가 아니듯, 인터넷으로의 발신에도 반드시 관객이 있기에 인터넷에 살아 있는 인간은 없다고 생각한다. 다들 각자 만드는 콘텐츠로서 캐릭터가 뒤섞여서, 그 사람의 언어와 그림과 음악에 투명성이 나온다고 할까. 전혀 모르는 타인의 아무래도 좋은 일상 이야기를 재미있어 하는 것도, 어딘가 그런 투명성이 관여하는 게 아닐까. 그야 모르는 사람이 갑자기 커피숍에 마주 앉아 괴로웠던 과거를 끄집어낸다 해도 난처해서 제대로 못 들을 것이다(익명성의 폭력에 대해서는 다루지 않겠다. 이름에 태그를 단다는 점에서는, 인터넷의 고독이 본질적인 것은 아니지 않을까 싶지만, 깊이 고민해본 것은 아니다).

텔레비전을 바보상자 취급하는 일이 이제는 진부해졌듯이, 인터넷에 대해 쓰는 일도 슬슬 퇴각할 때가 된 것 같다. 5년쯤 전부터 쭉 그렇다.

인간은 자신이 귀엽다는 사실을
제대로 알아야 하며

나는 어릴 때 낯가림이 아주 심했고, 모르는 아이들이 있는 곳에 두면 울음을 터뜨리는 아이였기에, 금세 친해져서 까르륵까르륵 웃으며 노는 아름다운 그림은 기대하기 어려웠다. 어른들은 순진하고 마음의 벽이 없는 아이를 원한다는 걸 알고 있었지만, 그래도 내게 그게 가능할 리 없었고, 무서웠고, 나만 빼고 다들 사이가 좋았고, 어른들이 다른 아이들을 향해 활짝 웃는 걸 보며, 음음…… 나는 귀여운 아이가 아니야…… 싶어서 풀 죽어 있었던 기억이 난다. 모르는 사람을 무서워하던 나도 나름대로 순진했는데 말이다. 그저 모두가 원하는 순진함이 아니었을 뿐. 그래서 나는 서툴게 행동하는 아이가 좋다. "너도 귀여워"라고 말해주고 싶지만, 그런 어른은 무섭겠지. 하는 수 없다.

  인간은 자신이 귀엽다는 사실을 제대로 알아야 하며, 사진을 잘 찍는 사람은, 아마도 자신이 귀엽다는 사실을 제대로 전달할 수 있는 사람일 것이다. 외모가 아름답고 못나고를 말하는 게 아니다. 존재 자체에 대한 긍정이다. 누군가와 대화를 나누고 있으면 그 사람다운 버릇이나, 당사자가 깨닫지 못하는 그 사람만의 웃는 얼굴이나, 맞장구치는 버릇 같은 게 있다. 그런 걸 '귀엽다'고 말할 수 있는 사람은 훌륭하다. 나는 내가 옳고 상냥하다고 말해주기를 바라지는 않지만, 존재로서 그 사람을 말해주는 사진을 보면 눈이 부시고, 당신이 귀엽다고 말해주는 사진이구나, 정말로 좋구나 하고 부러워진다. 딱히 뭐라고 콕 집어 말할 수는 없지만, 그래도 정말 귀여운 그런 것. 논리적으로는 설명할 수가 없고, 그저 '좋은 사진'과 '좋은 말'과 '좋은 그림'이라는 결과물로, "아, 좋다!" 하고 본인이 공감하도록 하는 수밖에 없다. 캐리커처도 사람의 얼굴을 아름답게 미화하기만 하는 게 아니라, 그림을 받은 사람이, "어, 내가 우리 오빠랑 똑같은 표정을 짓고 있네. 역시 남매인가 봐"라고 할 때의 기쁨이 있다. 나를 향한 긍정이, 내 안에 불쑥 자라는 듯한. 그런 캐리커처도 있으리라. 그럴 때 그 그림은 '귀엽다'고 말할 수 있다. 어디까지나 개인적이고, 어디까지나 국소적이며, 감동이니 오열이니 전미가 절찬한다느니 세계 NO.1이니 다 뛰어넘어, 그 사람에게 가장 중요한 것이 된다. 인간은 아마도 제대로, 자신이 귀엽다는 사실을 알아야 한다.

그건 결국 무슨 이야기였을까요

 싫어하는 음식을, 왜 싫어하는지 설명하는 게 재미있다. 좋아하고 싫어하는 걸 주장할 때 부리는 억지는 최고다. "물컹하잖아! 그런 거 너무 싫어!" 같은 말을 할 때, 그 논리 없음. 스스럼없음. 언제부터 그런 감정이 시작되었는지도 모르고, 하지만 아무튼 그게 싫어서 "우웩!" 하는 게 대단하다. "알레르기가 있어서" 같은 말을 들으면, 지금 그런 이야기를 하는 게 아니니 얼른 제멋대로 싫어하는 음식을 말해! 라고 생각한다. 싫어하는 음식에 대한 발언은 그렇다, 가차 없다. 구린내가 나서 멜론을 싫어한다, 같은 이야기를 멜론이 듣는다면 멜론 상처받겠지, 하는 생각도 할 필요 없고. 그냥 기분 나쁘다거나, 그런 게 이 세상에 존재하다니 믿을 수 없다거나, 마구 토해내듯이 그런 소리를 했으면 좋겠다. 의미 불명이지만, 그 의미 불명이 아마도 당신의 아이덴티티다! (이런 이야기, 쓰면서 즐거운 건 나뿐이겠지.) 좋아하는 음악이나 좋아하는 작가에 대해 이야기했다고 그것만으로 부정당하는 사람도 있다. 뭐 그런, 타인이 뭘 좋아하는지, 뭘 싫어하는지 그 정보만으로 사람을 평가하려 드는 것은 한심한 문화지만, 그래도 그런 문화 때문에 좋아하는 것과 싫어하는 것을 내키는 대로 말할 수 없어서, 무의식적으로 본능적인 부분에까지 '공감'을 구하는 것이리라. 이걸 좋아하는데…… 하고 타인의 낯빛을 힐끗거릴 때가 있다. 슬픈 일이다. 공감을 요구하지 않는 '감상'은 절대적이다. 아무도 알아주지 않는다 해도 주장하는 그 마음, 그게 그 사람의 최강이라고 생각한다. 알아주지 않아도 좋아, 하지만 푸른 토마토는 화가 나. 그걸로 괜찮지 않나. 생리적으로 받아들일 수 없으니까, 그런 것은 뭐, 불합리하지만 진리라고 생각한다. 어쩔 수가 없다. 그냥 싫은 걸 어떻게 해. 그런 걸 당당히 주장하는 모습을 볼 수 있기에, 역시 싫어하는 음식에 대한 이야기는 재미있네(라고는 해도 싫어하는 음식을 만드는 농민분들 앞에서 말하면 안 된다). 그런 연유로 나는 표고버섯을 생리적으로 받아들이기 어렵고, 박멸하고 싶다는 기분이다. 가지도.

아무튼 친하게 지내고 보는 친구

배우 호리키타 마키 씨를 볼 때마다, 드라마 〈노부타를 프로듀스〉 시절 호리키타 씨를 꼭 닮은, 성격이 뚱하지만 심지가 강하고 우는 걸 본 적이 없으며, 스타일이 좋고 재주도 좋아 뭐든 잘하고 고어 영화를 좋아하던, 지금은 뛰어난 심장외과의로 일하고 있는 친구 생각이 난다. 지금 생각하면 너무 특별해서 정말로 그런 애가 있었나?! 싶기도 하지만. 그런데 텔레비전에서 노부타를 보고는 "어? 데뷔했어?" 했다. 나이도 비슷하고. 담력도 있고. 이름을 보고, "아, 아니구나……" 했을 정도로 닮았다. 엄청나게 귀엽고 시원시원한 성격에 최고였다. 결점이라는 게 없었다. 그리고 그런 아이에게도 외모 콤플렉스가 있었다. 여자아이로 산다는 건 진짜 힘들구나 하고 그때 진심으로 생각했다. 아름다움을 추구하기 시작하면 끝이 없다. 하지만 미인이라는 자각도 없었던 것 같고, 외모에 대해 열등감마저 있었으니, 그 아이의 존재 자체가 환상이었다고 하는 편이 납득이 간다.

어릴 때는 친구 관계가 어렵지만, 사이좋아지는 계기는 별다른 이유 없이 자연스럽게 온다. 입학식에서 옆자리였다거나, 자리를 바꾸는데 우연히 옆자리라거나. 어떻게 봐도 고르고 골라서 친구가 되는 건 아니다. 사실은 같은 학년에서 엄청나게 마음이 잘 맞는 아이가 있다고 해도, 의외로 그 사실을 깨닫지 못한다. 동창회 같은 데 가서 처음으로 '우와, 이 친구 나랑 엄청 잘 맞네!' 하고 깨닫기도 하고. 그런 거 최고다. 마음이 안 맞고, 애초에 취미도 안 맞지만, 어찌어찌 사이가 좋아진 계기가 있어서 그게 계속되고, 친구니까 애착은 있어서 일단 그 관계를 유지하기 위해 알맞은 거리감을 찾고, 공통의 취미를 찾고(CD를 빌리고 빌려주는), 거꾸로 공통의 무언가 따위 필요 없다고 다시 마음을 열며 유행하는 영화를 보러 가고, 쇼핑을 가고, 대체로 즐거운 이벤트를 만들어 함께 시간을 보내는 일이 어른이 된 뒤로는 거의 사라졌다. 대학에서는 학부나 흥미나 장래의 꿈으로 분류되고, 사회에 나가면 소속된 조직과, 활동 범위에서 만나는 사람 자체가 한쪽으로 편중된다. 이런 게 공통의 화제도 있고, 옅은 관계성을 유지하기에는 편하지만, 그래도 나는 그 옛날 '아, 입학식에서 불안했으니까 우선 옆자리 사람과 사이좋게 지내자……'라는 경박한 동기로 시작된 친구 관계를 꽤나 좋아한다. '어쩌다 이 녀석하고 친구가 되었지?' 하는 관계성이 성립하기에, 무엇을 공유하고 그런 문제가 아니다. '친구니까 친구'라는 근거밖에 없다. 하지만 애초에 친구라고 부를 수 있는 건 그 정도로 애매한 관계였고, 그저 즐겁게 시간을 공유할 수 있다면 취미나 그런 게 달라도 아무 문제가 없다. 무엇보다도 '지금 같이 있는 사람과 아무튼 즐거운 시간을 보내자' 같은 감각이, 제일 멀쩡하다는 생각도 든다. 모래밭에서 노는 아이들처럼. 마음이 맞는지 어쩐지 선택할 여유가 없을 만큼 무리가 적어서, 다른 건 아무래도 신경 쓸 것이 없는 기분. 오히려 우연히 거기에 같이 있었던 사람들과 '시간'을 공유할 수 있다는 데에 기쁨을 느끼는 것이야말로, 대단히 원시적이랄까, 사람이 적어서 무리가 많지 않았던 조몬시대♥ 분위기가 난다. 그것이 무엇보다 본질적인 커뮤니케이션이다.

♥ 일본의 기원전 5~3세기경 빗살무늬를 새긴 조몬토기를 제작하고 사용하던 시대.

맨발

 연예인은 몰라도 일반인은 말하려고 생각할수록 언어가 피상적이게 되어, 제대로 말할 수 없는 경우가 자주 있다. 언어의 호흡보다 내용을 중시하기 때문이고, 그것이 자신에게 중요하거나 마음이 급할수록 제어할 수 없게 된다. 이 부분은 사회인이 되기 전에는 어떻게 할 수 없는 인간의 결점이다. 평소에는 에둘러서 말하는데, 일기는 막힘없이 쭉쭉 쓰는 사람도 같은 관점에서 해석할 수 있다. 일기란 언어의 호흡만으로 쓰기 때문에 가장 좋은 문장이 된다. 참으로 아이러니하다. 그렇다. 사실은 그런 사람이 훨씬 더 많다는, 그런 생각이 든다. 그리고 일기를 계속 쓰는 일이 나의 언어를 생생하게 만드는 방법이리라.

여고생이 우연히 쓰기 시작해서 한 달 정도 지나면 질릴 듯한, 그런 아무에게도 보여주지 않을 블로그 문장 같은 게 좋았던 건, 언어에 기묘한 솔직함이 있어서였다. 전해지지 않아도 상관없다고 생각할 때 쓰는 언어는 어째서 그렇게 순수할까. 어른이 되어, 중요하고 급한 것을 전달하기 위해서는 항목을 정해서 하나하나 쓰는 게 무엇보다 효과적이라는 걸 알았다. 언어의 패배가 아닐까 했지만, 정보를 전달한다는 의미에서 언어는 불필요한 부분을 깎아낸 상태가 가장 나은지도 모른다. 친구와 카페에서 이야기를 할 때, 상대방은 아주 중요한 이야기를 하고 있는 것 같은데 머리에 전혀 들어오지 않을 때가 있고, 오히려 그 사람이 말하는 법, 버릇, 사투리 같은 게 머릿속에 더 잘 들어올 때가 있다. 그럴 때 기분이 아주 좋아진다. 여행지 같은 곳에서 그 지역 사람들이 올 것 같은 카페에 들어가, 여기저기서 들려오는 이야기에 가만히 몸을 맡기는 것도 기분 좋은 일이다. 하지만 무슨 이야기였지 하고 돌이켜보면 기억나는 게 전혀 없다. 아마도 스파이가 될 자질은 없나 보다.

    언어를 풀어내는 일과, 전달하는 일은 전혀 다른 행위일지도 모르며, 생각해보면 그건 당연한 이야기다. 그 둘을 동시에 하려는 것일 뿐, 이 둘은 같기는커녕 조금도 닮지 않았다. 어쩌면 정반대거나. 다들 아주 복잡한 일을 하려고 하는구나 하고 친구의 푸념이라는 탁류에 휘말려 멍하니 생각하며, 그리고 아마도 5분 후에는 혼이 날 것이다.

별이, 인간이, 아름다움을 사랑한다면

결국 아름다움이란 꼭 필요한 것은 아니며, 소중히 해야 할 것이지만, 간직할 수는 없다. 예를 들어 기업이 포스터를 만든다면, 우선은 '정보'를 전달하고, '신뢰'를 얻고, 나아가 '친밀함'을 안겨주는 것이 중요하다. 무엇보다 이것을 위해 만드는 것이니, 새롭고, 최고로 첨예한, 아름다운 것은 좀처럼 공존할 수 없고, 말하자면 필요치 않다. 나는 오래전, 대중성이란 '편리성>오락성>예술성' 순서라는 글을 쓴 적이 있다. 분명 제일 나중에 오는 '예술성'에 아름다움도 들어가리라. 그래도 아름다움이 필요하고, 아름다움이 있었으면 좋겠다. 언어도 마찬가지다. 정보 전달을 위해 태어난 언어는 '훌륭한 전달력'과 '정보의 가치'를 중시하게 되지만, 그렇지 않은 언어. 그것만은 아닌 언어. 그런 것도 있었으면 좋겠다. 시는, 그런 언어 가운데 하나가 아닐까.

 화장품 회사 시세이도가 좋은 시에 주는 상 '현대시 하나츠바키상'이 있다. 그 상을 제정하며 썼던 시인 소우 사콘 씨의 언어를 인용한다.

 화장도 시, 패션도 시라고 하는 입장에 나는 서고 싶습니다. 시세이도의 사업은, 일상이면서 일상을 뛰어넘는 일입니다. 현실을 동화의 세계로 바꾸는 일입니다. 일종의 마법입니다. 그러니 시와 같습니다.

 아름다움이라고 하는 것을 파고들면 불필요한 것임은 확실하며, 그래도 거기에 마음을 빼앗긴다. 그 이유는 애매하고, 애매하다고 해두고 싶지만, 사람이 사람으로서 사는 의미도 거기 있다는 생각이 든다. 나는 쭉, 렌즈와 같은 시를 쓰고 싶었다. 읽는 사람이 그 시를 통해, 그 사람 자신의 내면과 현실을 응시할 수 있는, 그런 시. 매일 보는 풍경이나 자신을, 조금은 달리 볼 수 있게 하는, 그런 시를 쓰고 싶었다. 그리고 그것은 분명, 화장이 발하는 빛과 아주 가까우리라.

기성품의 아름다움을 입는 것이 아니라, 그 사람의 내면에서, 그 사람 자신의 아름다움을 떠올리게 하는, 그런 화장은 분명 렌즈처럼 나를 바꾼다. 장식만으로, 보이는 풍경도 밝고, 더욱 싱그럽게 보인다. 그것은 내가 쓰고 싶었던 시의, 방향 그 자체인지도 모른다.

백화점에서 처음 카운슬링 받은 화장품을 구입한 것은 시세이도 카운터였다. 잡지에서 얻은 정보로 옅은 화장만 해온 나로서는 타인에게 화장에 관한 상담을 받는 일이 무척 불편했지만, 문득 흥미가 생겨 매장으로 들어갔다. 피부색부터 눈 모양, 윤곽이나 눈썹 길이, 그것을 하나씩 확인하며, 당신의 장점에는 이것이 맞고, 당신의 아름다움을 부각시키는 데는 이것이 어울린다고 제안해주었다. 대단히 민망한 기분이 들었지만, 그래도 화장이란 원래 그런 것이라며 메이크업 전문가(카운터에서 어드바이스를 해주거나 화장을 해주는 분에게서는 기본적으로 좋은 향기가 난다)가 이끌어주니 이상하게도 마음이 편해졌다. 잡지에는 콤플렉스를 가리기 위한 팁이 많다. 말하자면 메이크업이란 감추고 가리기 위한 것이다. 하지만 화장품 카운터의 전문가는 처음부터 그 사람에게 있던 아름다움을 툭 하고 밖으로 내밀어주었고, 나는 '아, 그렇구나' 하고 깨달았다. 화장이 몸을 단장하는 것이라는 사람도 있고, 맨얼굴이 뭐가 문제냐는 사람도 있다. 갖가지 입장이 있지만, 화장은 애초에 그 사람에게 있던 것을 반짝하고 비추어주는 일이다. 아무것도 감추지 않고, 아무것도 가리지 않고, 오히려 환히 드러내는 일이다! 화장과 함께 살아가는 사람으로서는, 아주 기쁜 발견이다. 얼마나 멋진 일인가. 아름다운 옷을 입는 것도, 화장품을 사는 것도 나쁜 일이 아니며, 떳떳하지 못할 일이 아니며, 오히려 더욱더 솔직해지는 일이라니! 아는 것과 모르는 것 사이에는 완전히 다른 마법이 열린다. 화장을 하는 것만으로도, 현실이 조금, 반짝여 보인다. 일상이 아주 조금, 싱싱해져간다. 그런 거 몰라도 되지만, 알고 있으면 어쩐지 굉장히 기분 좋아진다. 살아가는 일이.

배부름의 노스탤지어

'배불러'가 어느새 조금 불쾌하달까, 피곤해졌다. 따뜻한 양지에서 달콤한 것을 입속에 가득 넣고, 배가 부르면 새근새근 낮잠을 자는, 그런 행복이 과거에는 분명 있었을 텐데, 그렇기에 지금도 배를 가득 채우려고 밥을 먹어온 것일지도 모르는데, 문득 배부름이 행복은 아니라는 걸 깨달았다. 자고 싶은 만큼 자고 나면 너무 많이 자서 머리가 아파왔다. 따뜻한 곳에 있으면 너무 따뜻해서 피부가 얼얼해지고, 책가방을 메고 달려가는 아이의 뒷모습이나 카레 냄새에서 쓸쓸함을 느낀다. 그런 노스탤지어가 어느새 내 안에 생겨버렸다. 과거의 나를 부러워하는 건, 과거를 긍정하며 현실을 부정한다면 그렇게까지 상처받지는 않기 때문일까. 단순했던 행복은 점차 나의 몸에 맞지 않게 되었다. 그렇다면 무엇이 맞지? 행복의 뒷면에는 언제나 불행이 있고, 그런 일은 옛날부터 변함이 없다. 어릴 때는 그 말이 꼭 해야 하는 숙제나 장난친 뒤에 듣는 설교에 따라붙어서 흘려들을 수 있었다. 하지만 지금은 모든 것을 잃는 일이나, 인생 자체에 상처 주는 일에 따라붙으니 무서워서 무시할 수도 없다. 행복을 찾을 여유가 없는 것인지도 모르고. 옛날보다 불행해진 것도 아닌데, 지금이 너무 괴롭다.

어른이 되었다고, 눈살을 찌푸리며 불행을 받아들이는 그런 시시한 인간이 되는 게 화가 난다. 배부른 게 싫다면, 맛있는 술 한 잔이나 공복에 초콜릿 한 조각으로 쾌락을 느끼면 될 일을. 변해가는 것에 센티멘털을 느낄 때, 과거를 그리워하며 떠올릴 때, 어쩐지 비참한 기분이 든다. 그런 기분이 드니까 아직까지는 괜찮다. 노스탤지어를 좋아하지만 그래도 거기에는 기분 나쁜 무언가가 얕은 여울의 해삼처럼 누워 있다. 초등학교 건물 나무 기둥은 따뜻했는데, 그런데 그게 어떻다는 것인가. 무엇이든 현재보다 우선시해야 하는 과거는 없다. 살아 있다고 해서, 인간이라고 해서, 인생을 온전히 긍정하는 일은 생의 최후에 해도 된다. 나는 신형 가전제품이, 역시 최고라고 생각한다.

다들 상냥하구나

　인터넷에서라면 취미가 맞는 사람을 찾기 쉽고 친구도 생길 것 같잖아. 마음의 벽이 심각하게 두꺼워서 인터넷에서도 시끌벅적 수다를 떨지 못하는 내 입장에서는, 생각보다 사람들 마음의 벽이 너무 얇다는 문제가 부상한다. 다들 갑자기 쌀쌀맞게 구니까. 부탁인데 그만 좀 해줄래요. 취미가 맞는 것과 사이좋게 지낼 수 있다는 것은 다른 문제일 테고, 그렇게 많은 사람과 사이좋게 지내고 싶다는 생각도 애초에 하지 않는다. 인터넷은 엄청나게 많은 손님이 엄청나게 큰 목소리로 혼잣말을 하는 카페와 마찬가지라, 그저 남들이 말하는 소리를 흘려들으며 혼자서 커피를 마시고 싶고, 그게 외롭지 않은 세계에서 앞으로도 살게 해줘!

다들 상상 이상으로 상냥하다. 이것은 살면서 쭉 느껴왔고, 놀란 일이다. 누구에게나 대하기 어려운 사람은 있고, 그게 노골적인 태도로 드러나는 사람도 있지만, 이러니저러니 해도 자기 취향인 사람에게는 상냥해진다. 그게 쭉 무서웠다. 무섭다는 말 속에는 두려움도 있고 공포심도 있다. 나는 사이좋게 지내는 행동을 왜 해야 하는지 잘 모르겠다. 타인과 대화하는 게 숟가락에 공을 올리고 떨어지지 않도록 조심하며 달리는 것보다 더 신경이 쓰여서, 정말 더는 안 하고 싶다는 생각이 든다. 사이좋게 지내는 것보다는 남의 눈에 안 띄고 싶다. 학교 다닐 때는 옆자리 아이와 대화해야만 했고, 지금도 편집자와 대화해야만 하는데, 그런 필요성에 쫓기는 대화는 오히려 좋아한다. 그것은 단순히 사이좋게 지내고 싶다는 게 목적이 아니기 때문이리라. 정말로 목적도 없이, 시간과 여유를 소비하기 위해서 하는 대화가 제일 마음 편하다지만, 그렇지도 않은 것 같다(내 안에서 친구와 친구가 될 필요가 없는 사람은 비슷한 영역에 속해 있고, 반드시 친구가 되어야 하지만 아직 친하지 않은 사람이 또 다른 영역에 있다). 사이좋게 지내고 싶다고 생각하면, 그 사람에게 사랑받아야 하고, 그런 임무가 나의 위를 찢어버린다. 친구가 늘지도 않고 어른이 되면 친구 같은 거 없다는 이야기도 자주 들으니까 정말로 나는 몇 안 되는 친구를 둔 채 살아가겠지만 크게 곤란하지는 않다. 솔직히 이번 생에서 친구가 적은 걸 진심으로 고민한 적은 단 한 번도 없다. 친구란 하나라도 있는 게 대단한 일이고, 나머지는 무한과 무한의 두 배는 마찬가지라는 느낌으로 아무래도 좋다. 친구가 한 명이라도 생긴 시점에서 학교를 졸업해도 계속 이어지고, 한 명이 있다는 그 여유로움이 내 마음의 벽을 최강으로 만들어준다. 고마운 일이다. 인간은 외로움을 탈 때마다 짐승이 되니까(시인 같은 발언을 해보았습니다). 인간이 인간과 만나는 최대의 이유는 안심을 얻기 위해서며, 나는 아마도 행복하게 살아왔기에 조금이라도 안심이 되면 그걸로 만족할 수 있다. 그러니 재미있는 사람과 함께 일을 할 때도 재미있네! 하고 옆에서 보며 만족한다. 말을 걸거나 사랑받으려 하거나 그런 신경 쓰이는 도전을 하기보다 그저 느긋하게 지내는 편이 낫다고 생각하지만, 다들 상당히 가볍게 그런 행동에 도전한다. 대단해, 멋있어. 친구를 만들기 위해 저렇게 힘든 일까지 감당하는구나. 그렇게 생각하는 건 아마도 실례겠지만, 그래도 내게는 역시 괴로운 일이다.

I like it

좋아하는 것을 만든다는 건 자기 안에 평범한 부분을 만드는 일이라고 생각한다. 다시 말해 타인과 공유할 수 있는 무언가를 갖는다는 뜻이다. 좋아하는 것을 발견하는 일은 자기표현의 가장 초기 단계다. 세계와 나의 공통점을 찾아 "나는 이것을 좋아합니다"라고 말하는 일. 그것이 가장 단순한 자기표현 수단이다. 물론 좋아하는 걸 줄줄이 말할 수 있는 인간이 있든 없든 세상과는 관계가 없지만 말이다. 어쨌든 세상과 어떻게 관계를 맺어야 할지 모르는 고독한 인간에게, 좋아하는 것을 찾아낸다는 것은 고독으로부터의 탈출을 뜻한다.

갓난아기는 처음에, 무엇을 생각하는지 알 수 없는 정신의 덩어리며, 그럼에도 음식을 먹고, 예를 들면 토마토가 좋다거나 오이가 싫다거나, 그런 취향이 나타나는 순간 그 아이는 "나는 토마토가 좋아요" "토마토를 좋아하는 아이입니다"라는 목소리를 갖게 된다. 이것은 무척 훌륭한 일이다. 아직은 말을 잘하지 못하지만, 그래도 그 아이만의 좋고 싫음이 있으며, 그것이 그 아이의 주변 사람에게도 알려진다는 사실. "너는 토마토를 좋아하지" 하고 이해받는 일. 인식되는 일. 좋아하는 것을 찾아내는 행위의 귀중함은, 여기에 응축되어 있다. 자기주장을 한다는 건, '좋아하는 것을 찾아내는' 행위를 세분화하는 일이다. 물론 계속 파고들면, 그림을 그리는 일이나 글을 쓰는 일에 도달하게 되며, 오로지 그것을, 정성스럽게, 세밀하게 해나간다. 그것이 전부고, 그렇기에 작품을 만드는 일이 아름다운지도 모른다.

'좋아하는 것'이란 언어보다도 훨씬 더 원시적이다. 아마도 우리는 '좋아하는 것'을 교환하는 식으로 대화를 한다. "이것이 좋아"라고 말하면, 듣는 사람도 '이것'을 이해하고, 이 사람은 '이것'을 좋아하는구나 하고 그 사람의 일부를 이해한다. 이를 뛰어넘는 교환은 대단히 어려운 일이다. 누구하고도 공유할 수 없는 부분을 전달하는 일이므로(그리고 작품을 만든다는 것은 그 영역에서 두드러지기 위한 행위다). 하지만 전달하는 단계 이전에 필요한 것도 있다. 100퍼센트 이해할 수 없는 것은, 이해할 수 없다는 사실조차 인정받지 못하고 고립된다. 무언가를 만들었을 때 "잘은 모르겠지만, 어쩐지 그냥 좋네"라는 말을 듣기 위해서는, 작품으로 들어가기 위한 입구 같은, 조금은 공유할 수 있는 부분이 필요하다. 풍경 같은 건 아무래도 좋지만 말이다. 그런 공유할 수 있는 부분은 그 사람 안에 있는 평범함이 만든다. 그리고 그것은 아마도 '좋아하는 것'으로 이루어져 있다.

내가 '우리'였을 때

'이토록 고독하다'라는 감각을 모른 채 청춘이 끝났다. 살아 있는 것이나 죽어 있는 것에 일부러 의문을 품지도 않았고, 학창 시절 내내, 집에 오는 길에 친구와 무엇을 먹을지 그런 것만 고민했다. 유행하는 J-POP을 좇는 일은 애초에 포기했고, 한참 전에 해체한 밴드와 한참 전에 죽은 외국인이 지은 곡을 혼자 들었다. 공유할 것이 없어도 상관없었다. 매일 아침 같은 교실에서 다 함께 어깨를 나란히 하고 있었기 때문이다. 뜻 모를 소리를 하는 사람도 있었고, 알 만한 이야기밖에 하지 않는 지루한 사람도 있었다. 그런 사람들과 사이좋게 지낼 필요조차 느끼지 못했다. 우리가 우리를 어떻게 생각하든, 교실은 일정 시간 우리를 가둬두었고, 거기에서 고독이라는 감성은 싹트지 않았다. 물론, 또 그렇기 때문에 '싹트는 고독'도 있었지만. 하지만 나는 여름 햇살이 피부의 5밀리미터 상공을 사라지게 만드는 듯한, 그런 기분 좋은 고독감밖에 알지 못한다. 그리고 그것이 나의 최대 콤플렉스였다.

 '나는 어째서 고민이 없을까' 하는 고민에 적당히 몸을 적시며, 야무지게 청소 당번을 마치고 귀가했다. '청춘을 통과한다'는 말이 이렇게 딱 맞아떨어져도 될까 하는 생각을 늘 했다. 하굣길에 친구와 같이 와플 가게나 서점에 들를 때는 그런 위기감조차 잊었고, 애초에 고민할 거리가 없으니 고민이 없었는지도 모른다. 괴로울 정도로 열심히 하지 않으면 아무것도 충족이 되지 않는 듯한, 지루한(시험이나 동아리 활동, 학원 같은 걸로 바쁘게 보내긴 했지만) 시간에 진이 다 빠져 있었다. 그뿐이었다. 내가 살아 있음을 노래하고 있지 않다는 기분이 들어서 그저 불안했다. 어딘가에서 나를 관측하는 사람이 있다면 지루해할지도 모른다는 미안함이 있었다. 나 자신으로 말할 것 같으면, 와플이 맛있어서 크게 지루한 것도 몰랐다.

혐오감이라는 것으로 온몸을 감싸야만, 이런 멸치조림 같은 집단에서 살아갈 수 있다고 생각하는 아이들이 많았다. 너, 간단히 남을 경멸하는구나. 몇 번이나 그렇게 말해줄까 했다. 타인과 자기를 제대로 구별해야 할 것 같은데, 그 방법이 호의와 혐오밖에 없다는 기분이 들어서 피부에 고춧가루라도 바른 것처럼 남을 노려보았고, 당사자는 피부의 얼얼한 그 감각을 '고독'이라고 불렀다. 나는 그 모습을 보며, 어째서 저렇게 남을 미워하거나 좋아하는 일을 멈추지 않을까 싶었다. 그래도 그 아이들이 부러웠고 귀엽다고 생각했다.

고민, 괴로움, 자기혐오, 전부 다 그 사람다움이라고 생각했다. 상냥함이나 취향이나 노력도 그들의 악의나 괴로움에 비하면 완전히 개인적인 것은 아니었다. 그리고 그런 그들의 본심을 진심으로 귀엽다고 생각했다. 아름답다. 자신을 향한 불만과 타인을 향한 불만이 뒤섞여, 그 사실 자체를 당사자가 혐오한다. 그런 감정이 나쁘다는 건 제대로 알고 있기에, 친구에게는 말하려 들지 않는다. 말하면 좋을 텐데, 하고 나만 생각했다. "생각하는 것만으로도 욕을 먹는, 그런 감정이 있을까?" 몰랐다. 인간은 살다 보면 반드시 무언가를 싫어하게 되고 거절하게 된다. 그 사실 자체를 원망한다 해도 하는 수 없지 않은가. 싫어하는 음식이 있고 싫어하는 동물이 있고 싫어하는 탈것이 있었던 나는 그런 생각을 하지 않을 수 없었다. 싫어하는 음식 이야기를 할 때, 인간은 대체로 기쁜 얼굴을 하고 있다. 그 정도 '혐오감'이라면 드러내도 좋다고 생각하기 때문일까. 뒤로 하는 험담이 아니라, 곧바로 정면에서 하는 '혐오감의 표명'은, 거짓이 없고 시원시원하다. 나는 그런 이야기를 듣는 게 좋았다. 신경 쓰는 일, 배려하는 일은, 무척 정중하고 친절하지만, 그런 사람들과 '이어져 있다'는 생각은 도무지 들지 않았다.

아름답다고 느낀 풍경을 그림으로 그리고 사진으로 찍는 일은 아마도 자연스러운 흐름이다. 그래서 나는 당연하다는 듯이 혐오와 괴로움을 재료로 글을 쓰게 되었다. 감정의 일부를 '있어서는 안 되니까' 하고 존재 자체를 부정하는 일은 무의미하다. 무엇보다 아깝다고 생각한다. 그래서 나는 그것들을 언어로 쓰게 되었다. 타인을 전부 이해할 수 있을 리가 없고, 솔직히 고민해본 적도 없기에, 고통 같은 거 남의 일이다. 하지만 그래도 글을 쓰고 있으면 연결되는 부분이 생기고, 문득 내가 그들과 앞뒤로 이어진 카드일지도 모른다는 생각이 든다. 내가 쓴 언어가 나를 빠져나가, 나로서는 이해할 수 없었던 그들의 고민에 도달하는 감각. 그것이 너무도 행복했다.

10대는 다 똑같다. 거칠게 말하면 그런지도 모른다. 같은 교실에 갇혀, 같은 교과서로 공부하며. 무엇보다, 미성숙하고 사회로부터 역할조차 부여받지 못해 공중에 붕 뜬 그 상태가, 나와 타인의 경계선을 애매하게 했다. '나는 남과 다르다'고 모두가 동시에 믿고 있는 그 느낌. 제각각 다른 환경에서 태어나 다른 것을 생각하며 사는데도 같은 에너지를 품고 움직이고 있다. 어른이 되면 살아가는 환경도, 목표로 하는 것도, 책임도 역할도 전부 다 너무 달라서, 우리는 아마도 '같은' 상태로 있을 수 없다. 그리고 그것이 정상이다. 10대 시절, 나는 타인으로부터 완전히 분리되어, 바로 앞에 있었다. 내가 그들 쪽에 있을 가능성도, 그들이 내 쪽에 있을 가능성도 있다고, 늘 피부로 느끼고 있었다. 진정한 의미의 '고독'은 역시, 거기 없었다. 그리고 그렇기에, 이해할 수 있을 리 없는 그들의 고민이나 괴로움을, 손 놓고 '아름답다'고 생각할 수 있었다. 10대는 다 똑같고 고독 따위 제대로 없었다. 하지만 그 덕분에, 나는 언어를 쓰기 시작했다.

너의 변명은 최고의 예술

진지한 이야기를 너무 많이 썼나 싶은데 그런 것도 아닌가. 아무튼 어째서 이런 걸 쓰고 있나 싶어서 불안하기는 하다. 나의 이야기라기보다는, 제3자의 이야기거나, 페트병 따위 같은 사람조차 아닌 것의 이야기였을지도 모르는데, 내가 쓰는 이상, 내가 쓴 이야기가 전부 나를 사고하는 재료밖에 되지 않는 게 정말로 기분이 나쁘다. 요약하자면 진지한 글을 써서, "저는 진지한 사람입니다" 하고 남들에게 소개하는 게 무서워서 견딜 수 없다는 이야기다. "아니 진지함은 전혀 안 느껴져요"라고 한다면, 내가 자의식 과잉이 되리라, 그렇지요?! 글쓴이의 존재 같은 건 잊고, 단순히 언어만을 바라봐주기 바란다. 모든 언어가 그저 커뮤니케이션이라고 생각하는 순간, 언어는 영원히 자유로울 수 없다. 하지만 누가 어떤 의도로 발언하고 있는지를 신경 쓰지 않고 묻거나 읽는 일이 정말로 가능할까, 하는 문제도 있다. 애초에 그런 걸 따지는 건 인간으로서 자연스럽지 않은 일인지도 모르지만, 심지어 채소도 누가 재배했는지 신경 쓰는 세상이 아닌가. 그런 부자연스러움을 무시하지 않는다 해도, 세상 사람들이 나 편한 쪽으로만 해석해주는 마네킹이라고 생각하며 원고를 쓰는 것은 정말이지, 원고료 받는 입장으로서 문제가 많다. 어떻게 읽을지는 가치관의 문제기에 사람마다 제각각이지만 나로서는 그렇게 글을 쓰면 너무 지루하다. 커뮤니케이션을 위해서라는 입장은 무시하고 싶지만, 실제로 존재하는 것을 무시하고 글을 쓰는 일도 불가능하다. 세계는 거기 없다. 그래서 좋은 이야기나 올바른 이야기를 쓸 때는, 그것이 나의 평가로 이어질 가능성이 슬쩍슬쩍 엿보여서 기분이 나쁘고 어떻게 도망칠 수 있을까 생각한다. 불편하고 불안하다. 그러나 못된 척하는 일도 착한 척하는 일과 다르지 않다. 일부러 악한 캐릭터를 연출하기 위해 "올바름 따위 꺼져라!"라는 발언을 하기보다는, 우연한 자의식의 발로로 "올바른 이야기를 합시다"라고 말하는 쪽이 아직은 제대로 된 인간이다. 말하자면 모든 선善과 정의와 꿈과 희망과 포지티브를 일직선에 늘어세우고 살아가는 수밖에 없다. 그렇게 하지 않으면 안 된다, 모든 것은.

 블로그가 책이 되면서, 도대체 내가 무엇을 썼던가? 하고 생각을 되짚어보았지만 아무것도 떠오르지 않았다. 오래전부터 호흡보다 빠르게, 사고보다 빠르게, 대량의 글을 쓰고 싶다고 생각했고, 그런 행위를 위해 존재하는 것이 블로그이므로 걱정할 필요는 없다고 근거도 없이 생각했다. 지금은 그저 책이 어떤 얼굴을 하고 있는지 알고 싶다. 빨리 완성하면 좋겠다.

나가는 말

　공감받고 싶어서 글을 쓴 적은 없었다. 알아줬으면 좋겠다거나 알아주지 않는다는 것에 구애받지 않고 글을 쓸 수 있어서 인터넷이 좋았다. 나는 아마 블로그를 만나지 않았다면 시를 쓰는 일도 없었을 테고, 시인이라는 직업을 갖지도 않았으리라. 왜 이런 글을 썼나, 이 글은 옳은가 그른가, 글을 읽은 사람이 납득할 수 있겠는가. 이런 것들로 가치가 정해지는 글이 전부가 아님을 근거 없이 믿었다. 그랬기에 나를 내던지듯 글을 쓰는 게 즐거웠다.

이런 인간도 있습니다. 오직 이 말을 전하기 위해 나는 여기 있는지도 모른다. 옷을 골라 입고, 요리를 해서 먹고, 그런 다음 글을 쓰고 있는지도 모른다. 현실 세계였다면, 아스팔트 위에 계속 서 있는 게 나았을지도 모른다. 햇살이 드리워 발밑에 그림자가 지고, 지나가는 모든 사람들의 시야에 내가 들어오리라. 하지만 인터넷에서는 무언가를 만들지 않으면 존재 제로다. 그래서 나는 글을 썼다. 블로그. 특별한 가치는 필요 없었다. 알리고 싶은 정보가 있는 것도 아니었고 뜨거운 감정도 없었다. 사람이, 가만히 서 있는 정도의 글을 쓰고 싶었다. 그게 읽는 사람에게 얼마나 의미가 있을지는 몰라도. 당시 나는 중학생이었고, 글로 쓸 만한 경험이나 지식도 없었다.

이 책은 내가 블로그에 쓴 문장을 중심으로 정리한 것이다. 평소 생각하는 것을 기록하기보다는, 블로그에 쓰면서 호흡하는 듯한 감각에 가까웠다. 그래서 생각지도 못한 내용을 쓰거나, 나중에 읽어보니 어째서 이런 걸 썼는지 알 수 없는 것도 있다. 나의 내용물이 거기 있다기보다는, 내가 통과한 흔

적이 잔물결처럼 남았다. 그것이 타인에게 전해지기를 바라지 않았고, 공감했으면 좋겠다고 바라지 않았지만, 글을 읽어주는 사람이 있다는 것은 어쩐지 나를 행복하게 했다.

  친구들과 이야기할 때는 재미가 있어야 하고, 사람과 이야기할 때는 정보 가치가 있어야 한다. 사실 거기 나라는 존재는 필요가 없고, 재미있는 메모가 굴러다니면 그걸로 됐다. 나라는 존재를 인정해주지 않으면, 살아남지 못할 것 같은 부분이 내 안에 많았다. 다른 사람들에게도 있을 거라고 상상했다. 시를 쓰면서 더 애매한 글을 쓰게 되었고, 무슨 소리를 하는지 모르겠다는 소리를 종종 듣는다. 하지만 나는 나 이외의 모든 사람들이 무슨 소리를 하는지 모르겠다. 오히려 무슨 소리를 하는지 아는 게 더 거북하다. 토할 것 같아. 인정받지 못하고, 알아주지 않아도, 제대로 차분하게 기분 좋은 상태를 유지하고 싶다. 모르는 부분이 있기 때문에 당신과 나는 타인입니다. 그런 태도로 살고 싶었다. 그래서 스쳐 지나간 사람을 오래 기억하는 날이 오면, 어쩐지 무척 기쁘다.

  언젠가는 내 언어로, 누군가를 스쳐 지나가다, 문득 눈이 마주치는 순간이 오길 원한다. 아무것도 전해지지 않을지라도 그 대신, 거기 서로가 있었다는 사실이 각인되면 된다. 나는 그저 살아 있고, 당신도 살아 있다는 것. 그런 당연한 일을 언어로 쓸 수 있다면. 그 사람이 어떤 사람인가 하는 것은, 그 사람이 '거기에 있다'는 사실에 비하면 아주 사소한 일이다.

문고판 부록

언어는 너의 생중계

 언어는 너의 생중계. 무엇이든 좋으니 말하기 바란다. 제대로 말할 수 없다면 제대로 말할 수 없는 대로, 언어를 끄집어내기 바란다. 타인을 마주할 때마다 그런 생각이 든다. 한 인간이 가장 그 사람다운 말을 쓰는 건 바로 이럴 때다. 어설프고 애매모호한 것이야말로 너의 세포다. 제대로 말할 수 없을 때 언어와 가장 가까이 있다는 느낌이 든다.

 대화를 좋아하지 않는다. 기승전결도 우스갯소리도 나는 싫다. 그런 걸 요구하고 주고받으며 교류했다고 믿는 것은 서

비스라는 생각밖에 들지 않는다. 그건 이미 커뮤니케이션이 아니다. 그래서인지 재미도 없고 의미도 모를 말을 주절주절 꺼내는 사람을 보면, '아, 이 사람은 사랑받으며 살아왔구나' 싶어 감동한다. 그리고 그런 사람은, 어제 내가 먹은 파르페 어쩌고저쩌고하는 이야기도 들어주겠지.

  인간에게만큼은 시간 낭비했다는 생각을 하고 싶지 않다. 인간은 오락물이 될 수 있다. 남을 즐겁게 할 수 있다. 하지만 그렇게 만들지 않는 사람이 가장 아름답다고 생각한다. 재미를 기대하며 누군가의 얼굴을 마주하고 싶지는 않다.

계절도 나의 일부

계절이 변할 때면 나도 모르게 화장품 코너로 발길이 간다.

처음에는 화장품이 자기 얼굴을 수정하는 수단에 불과하다고 생각했다. 초록과 노랑과 강렬한 빨강처럼 본래 얼굴에 없는 컬러를 얼굴에 바르는 게 기분 나빠서 어쩔 줄 몰랐다. 하지만 어느새 그런 감각을 까맣게 잊고, 계절이 바뀌는 시즌에는 새로운 색의 립스틱과 매니큐어를 고르고 싶어진다. 뺨에 부족한 혈색을 채우기 위해서만 볼터치가 있는 것은 아니며, 밋밋한 눈두덩에 입체감을 주기 위해서만 아이섀도가 있는 것도 아니다. 입술이 원래 가진 붉은색보다 훨씬 더 빨간

립스틱이 있어도 괜찮다고 지금은 생각한다.

    화장품 중 거부감이 가장 심했던 것은 립스틱이었다. 입술이 이미 빨간데 뭐 하러 그런 걸 칠해야 하는지 10대 때는 이해가 가지 않았다. 당시에는 립글로스가 유행이라 립스틱만큼 노골적으로 '바른다'는 감각이 없었다. 립글로스가 마음에 들었기에 립스틱에 손이 잘 가지 않았는지도 모른다. 핏물도 범접할 수 없는 빨강색을 입술에 칠하는 게 나로서는 거북했고, 분명 영원히 이해할 수 없을 거라고 그때는 생각했다. 내 얼굴을 위하여, 내 얼굴의 가능성 내에서만 화장을 했다. 그 무렵 나는, '나의 얼굴'과 '몸', 그것만이 나를 나타내는 유일한 것이라고 생각했다.

    내가 세계의 일부분이라는 사실을, 진정한 의미에서 깨달은 것은 언제부터였을까. 햇살이 비치는 나무 밑을 지나다가, 저 반짝이는 연둣빛도 나의 일부이며, 그렇게 나의 눈꺼풀도 다시 세계의 일부가 된다는 사실을 지금은 당연하게 받아들인다. 그렇기에 초록이 섞인 아이섀도를 바르는 일도 자연스러워졌다. 별의 색. 네온의 색. 그런 색이 내 얼굴에 반짝인대도 좋다. 내 육체에는 존재할 수 없는 붉은색도, 호주의 적토에는 있을지도 모른다. 그런 색을 선택할 수 있다, 라고 하는 사실. 특별한 건 아니었다. 나의 등 뒤에는 언제나 풍경이 있었다. 그 풍경은 요컨대 세계다. 세계의 색을 짊어지고 설 수 있다면, 나의 육체에 없던 색도 이 피부에 부여하는 일이 가능하리라.

20대 때는 옷에 맞춰 화장을 달리하게 되었다. 이 색깔 옷을 입는 날에는 이 립스틱을. 그때 나는 나라는 존재가 얼굴이나 몸뿐만이 아니라 옷에까지 미치고 있다고 생각했다. 피가 통하지 않는 섬유에 불과하지만, 그 옷을 입은 나를 '나'라고 여기게 되었다. 지금은 그 범위가 넓어져서 계절이나 날씨까지 집어삼킨 '나'로 인식한다. 그렇기에 여름이 오면 새 화장품을 사고 싶다. 나를 위해서만이 아니라, 세계가 변하므로, 그 변화를 함께할 색을 찾으러 가고 싶다. 계절은 나의 일부분. 그뿐인 이야기다.

밤샘을 권하다

 방 바깥에서 일어나는 수많은 일들이 내가 모른 채 진행되고 있다. 연예인이 어떻고, 국제 정세가 어떻고, 그 모든 것을 망라할 수 없다는 불안 때문에 텔레비전을 계속 켜둔다. 갑자기 귀가 그 모든 음성을 '잡음'으로 간주하면 서둘러 전원을 끄지만, 쉬지 않고 움직이는 세계에 살면서, 나만 혼자 조용한 방에 앉아 뒤처지는 이미지를 떠올리면 오싹하다.

 밤샘이란 내일의 나를 미리 당겨쓰는 것일 뿐이다.

오래전 일기장에 이렇게 쓴 적이 있다. 그렇다 해도 밤샘을 멈출 수는 없다. 겨우 텔레비전 전원을 끄고 노트북을 열어 원고를 쓰기 시작한다. 이렇게 되면 내일은 일어날 수 없겠지. 서서히 사무치게 그런 생각이 든다.

잠이 모든 것을 리셋해주리라고 기대하지만, 밝고 건강하고 태양빛처럼 환한 아침의 나 같은 건 환상에 불과하다는 사실도 알고 있다. 다만 하루의 시작답게 여유를 느끼며 텔레비전을 켜고 나태하게 보낸다. 밤의, 움직임 없는 공기의 밑바닥에서, 나만의 숨소리를 들으며, 지금 이 순간 무언가를 손에 넣지 않으면 모조리 사라져버릴 것 같은, 그 끝도 없는 감각을 완전히 잊어버린다. 밤이 좋다. 건강에 나쁘다 해도, 어둡다 해도, 내일을 아주 못쓰게 만든다 해도 좋다. 밤의 시간만큼은 마치 내가 세상의 전부인 것처럼 침묵하고, 그렇기에 나는 나를 믿게 된다. 최고로 강한 사람이 된다. 나를 몰아붙이는, 유일한 시간이다.

'지금 살아 있다' 주株 급상승

 인터넷으로는 정말로 쉽게 사람과 이어질 수 있다. 머나먼 존재라고 생각했던 사람의 눈에 내 언어가 닿기도 한다. 대단히 기쁜 일이지만 세계가 이렇게 가까워지는, 이 상황 자체를 두고 행복하다고 할 수 있을까. '지금 살아 있다'라고 하는 사실이 대단히 중요해지고 있다. 예전에는 텔레비전에 나오는 사람이 역사 속 인물과 비슷한 정도로 비현실적이었지만, 지금은 훨씬 더 친숙한 존재가 되었다. 단지 살아 있나 죽었나 하는 정도만이 단절을 낳는다. 죽은 사람은 타임라인에서 회자되지 않는다. 그러므로 기억에서 잊힌다. 사라진다. 제발 부탁이니 죽지 말자. 그렇게 강하게, 간절히 빈다. 처음부터 죽고 싶지는 않았지만, '살아 있지 않다'는 사실이 이토록 중요한 의미를 갖게 될 줄은 몰랐다. 어차피 조만간, 전원 죽는다. 같은 시대에 산다는 사실이 훌륭한 가치를 띨 때마다, 같은 시대에 살지 않을 미래를 생각하면 소름이 돋는다. 생을, 지금을, 이토록 찰나로 만들지 않아도 좋았을 텐데. 미래에는 모두가 나를 잊고, 나도 대부분의 사람을 잊을 거라는 기분이 든다.

시부야

 거리라는 것은 본디, 사람이 펄펄 쌓여서 만들어진 눈 풍경과 같다는 생각이 있어서, 옛날 사람도 요즘 사람도 똑같이 거리의 형태를 만들고, 그리고 남겨진다. 풍경은 바뀌어도 그 사람들이 없으면 그다음도 없기에, 변용이 역사가 된다고 생각한다. 거리는 타임라인이며, 장소에 따라 빠르기와 느리기가 다를 뿐, 어느 한순간을 잘라낸다 한들 '전부'라고 말할 수는 없다. 흘러가는 강물을 한 스푼 뜬다 해서 그 강을 알 수는 없듯이, 계속해서 나가는 일, 계속해서 응시하는 일은 대단히 중요하다. 이것을 알기에 고향이 변함없을 때 안심하게 되는

지도 모른다. 멀리 떨어져 있었던 시기에 대한 죄악감이, 조금은 옅어지는 기분이 들어서.

시부야는 빠르게 흐르는 강과 같다. 눈 깜짝할 사이에 붕괴되어 사라지는 빌딩도 있고, 평생 도쿄 땅을 밟을 일 없던 사람이 갑자기 나타나기도 한다. 찰나라고도 말할 수 있지만, 그러나 그런 말이 어울리지 않을 만큼 일상적이며, 그러면서도 한순간일 수밖에 없는, 그런 시간과 사람이 쌓이고 또 쌓여 시부야를 이룬다. 그렇기에 이것을 영원히 두기 위해서는, 무언가를 계속해서 만들어내야만 하는지도 모른다.

나는 24시간

오래전부터 시를 일로 인식하며 써왔기에, 시인이라는 단어가 풍기는 직업 같지 않은 분위기에 적응이 안 된다. 나는 먹기 위해 입기 위해 살아가기 위해, 말하자면 주로 옷과 초콜릿과 가전제품을 사기 위해 원고를 쓴다. 평범한 샐러리맨과 비슷한 감각인데, '시인'이라는 단어를 보면 삶의 방식 자체를 규정하는 듯한, 쓸데없이 휑뎅그렁한 느낌이 드는 것이다.

애초에 사람 인 자는 왜 들어가나. 직함에 '인人'이 들어가니 괜스레 요상한 분위기가 감돈다. 시인이 인종도 아닌데.

직업이라는 느낌이 들지 않는다. 소설가나 화가라는 말은 직업의 느낌이 있다. 그 사람 자신을 나타내기보다, 그 사람의 근무시간에 이름을 붙인 격이다. 일하지 않는 오프의 시간이 마련되어 있다. 하지만 '시인'이라는 단어는 일하는 방법이라기보다는 살아가는 방법을 나타내고 있다. 내가 24시간 '시인'이라는 사실을 당연하게 주장하는 듯하다.

하지만 시를 쓰지 않는 시간도 있고, 아니 실은 그런 시간이 대부분이고, 세상 모든 것을 시적인 시선으로 바라보는 것도 아니다. 그런 짓을 한다면 〈심슨 가족〉 같은 애니메이션을 편안하게 즐길 수 없겠지. 인간이라는 사실 자체에 '시인'이라는 태그를 달아서 뭘 어쩌겠나. 가끔 그런 기분이 든다.

인터뷰 때 이런 이야기를 했더니 기자분이 "연예인도 마찬가지네요"라고 하셨는데, 그러고 보니 사람들은 연예인도 24시간 연예인이기를 바라겠구나 싶다. 길거리에서 웃겨보라거나 평범한 대화에서 유머를 기대한다. 연예인에게 연예 활동은 상품이자 서비스라는 사실이 '연예인'이라는 단어에 어렴풋이 서려 있는지도 모른다. 그리고 어쩌면 '24시간 재미있는 사람이겠지'라는 기대야말로 연예인이 엔터테이너로서 신뢰받고 있다는 증거인지도 모른다. 그만큼 자연스럽게 재미있다는 뜻일 테니까. 24시간 재미있을 게 틀림없다는 기대는, 그들이 보여준 꿈이 현실로 나타난 결과인지도 모르겠다.

타인의 일이 되면 그렇게 생각하게 된다. 인간이란 원래 제멋대로다. 그러므로 '시인'을 받아들이는 것도 내 일의 한 부분이다. 그렇게 생각하면 고마운 일이다. 아직 익숙하지 않지만 조만간, 조만간 익숙해지겠지.

좋은 사람이란 일기

좋은 일을 해도 칭찬을 받지 않게 된 뒤로, 좋은 일을 하고 나서 마음이 굉장히 불편해졌다. 어릴 때는 칭찬도 받았고 타의 모범이라는 소리도 들었다. 그건 그것대로 부끄러웠지만, 남들이 내게 주는 '좋은 일을 했다'는 보증이었기에 이런저런 생각만 하지 않으면 괜찮았다. 하지만 지금은 그렇지 못하다. '이것은 좋은 일'이라고 자각하는 내가 너무 기분 나쁘다. 아무도 듣고 있지 않고 뜬금없지만 "아닙니다" 하고 줄기차게 외치고 싶어진다. "아니에요, 나는 좋은 사람이 아닙니다." 좋은 일을 하면, 세상에 대고 나는 좋은 사람이라고 주장하는 기분이 들어서 부끄러워진다. 나는, 결코 좋은 사람이 아니니까.

좋은 사람이란 뭘까. 어른이 되면 될수록 잘 모르겠다. 인어나 네시♥ 같은 부류의 생물일까. "그 사람 좋은 사람이야"라는 소개만큼 아무 의미 없는 말도 없다. 대부분의 인간은 표면상으로 좋은 사람이다. 용기의 유무는 관계가 있겠지만, 내가 거리에서 쓰러진다면 누군가는 말을 걸어주리라. 그렇다고 그 사람이 좋은 사람일까. 내게는 잘 모르는 상대일수록 상냥하다고 생각하는 버릇이 있는데, 하지만 그 사람이 좋은 사람일까.

이렇게 애매한 인식 가운데서도 어릴 때는 '좋은 사람'이 되는 게 당연하다고 생각했다. 10대 후반부터 20대에 걸쳐서는 '좋은 사람'이 되지 못한다는 게 콤플렉스기도 했다. 어린이에게는 무한한 가능성이 있다는 말이 있지만, 그건 바꿔 말해 아무것도 아니라는 뜻으로, '트리케라톱스도 될 수 있어!' 같은 텐션으로 '좋은 사람이 되자!'고 생각했는지도 모른다.

♥ 스코틀랜드에 산다는 호수 괴물.

귀여운 바보다. 어른이 칭찬해주니까, 산타클로스가 매년 오니까, 나는 '좋은 아이'라고 생각했고, 이대로 쭉 간다면 '좋은 사람'도 될 수 있다고 믿었다. 피카츄♥♥에서 라이츄로 진화하는 것이나 다를 바 없다고 여겼다. 그런데 어른이 정의한 법칙을 지키면 '좋은 아이'가 되지만, '좋은 사람'이 되기 위한 제대로 된 정의는 없다. 지켜야 할 룰도 없고, 과제도 없고, 언제나 능동적인 애드리브로 '좋은 사람'을 창출해야 한다는 현상을 나는 전혀 모르고 있었다. 그런 일이 가능할까. 말도 안 되게 어려운 일이라는 걸 지금은 안다.

세상 모든 인간을 좋아할 수 있는 사람은 없다. 미움을 받고, 기분 나쁜 녀석이라는 소리에 익숙해지는 일이 '사회에 적응한다는 것'인지도 모른다. 하지만 지금도 남에게 나쁜 소리를 들으면, 그 사람이 나와는 아무 상관도 없는 존재일 거라고, 어떻게든 그 부분을 정정하고 싶어지는 기분이 드는 건 어째서일까. "좋은 사람이 되자!"며 주먹을 불끈 쥐어 올리던 다섯 살 무렵의 내가 아직 남아 있다. 어릴 때는 법칙을 지키

♥♥ 게임 '포켓몬스터'에 등장하는 캐릭터.

는 게 중요했고, 그것만 클리어하면 평가가 나왔다. '좋은 아이'가 되기 위한 레일이 있었다. 과제가 있었다. 그걸 풀기만 하면 되었다. 하지만 어른이 되면 나의 가치가 타인이 받는 인상으로 결정된다. 법칙이 없고 과제도 없고, 점수를 매기는 것도 물론 불가능하다. '좋은 사람'을 판단하는 해석이 달라지고, '좋은 일'을 하는 게 '좋은 사람'이라는 것과 일치하지도 않는다. 그러니 남이 내게 내리는 평가를 납득할 수 없어진다. 인간은 인간을 자기 눈동자에 비친 허상으로밖에 인식하지 않는다. '나의 이야기에 등장하는 캐릭터' 정도로 파악하고 있는지도 모른다. 그러니까 인상이라고 하는 가벼운 것으로 그 사람을 결정해버린다. 허무하지만, 그래도 '좋은 사람'인지 아닌지 판단을 내릴 수가 없으니 그 정도가 한계인 것이리라. 인간이 가진 얼굴 인식 기능의 한계인지도 모른다.

그런 거라면 처음부터 그렇게 말해주었더라면 좋았을 것을. '좋은 사람'은 될 수 없다는 걸, 스무 살 이전에 제대로 교육해주기를 바랐다. 나는 나에 대해 잘 알고 있고, 나에 대한 일만큼은 인상만으로 판단할 수 없다. '좋은 사람'이라는 허상을 좇아봐야 아무 소용없다는 사실을 깨닫는 데 25년은 걸렸다.

변덕스럽게 '좋은 일'을 하는, 그런 인간이 어서 되고 싶다. '좋은 사람' 같은 게 될 리가 있겠느냐고, 지금은 나도 말할 수 있지만, 그래도 여전히 '좋은 일'과 '좋은 사람'이 직결되어 버리고, 자의식 없이는 '좋은 일'이 나오지 않는다. 그런 점은 내가 봐도 참 멋없다.

언어는 표정

'기뻐' '즐거워' '슬퍼' '허무해'.

이 말들은 사실 감정이 아니라 표정을 가리키는 말에 불과한지도 모른다. 감정이라는 것이 사람에 따라 어떤 형태를 띠는지 나로서는 알지 못하지만 표정은 보인다. 다 다르다는 것은 안다. 그 표정이야말로 반드시 보아야 하는 것이라는 생각도 든다. 보이지도 않는 감정을 추측하고 기대하며 자기 머릿속에 타인을 마음대로 규정하는 게 정말로 필요한 일일까. 기분을 생각하라고들 하지만, 상대방 마음 깊은 곳의 기분을 추측하는 게 정말로 친절하고 상냥한 일일까. 당연히 알 거라고 기대하는 일 자체가 오만하다고 종종 생각한다.

  언어에는 표정이 잘 드러나지 않는다. 그렇기에 감정을 가리키는 '척하는' 언어가 생겨난 것인지도 모른다. 이모티콘이 좋다. 웃는 얼굴이나 우는 얼굴을 은근히 끼워 넣은 문장을 보면, 어쩐지 상대방의 내면까지 멋대로 들여다보고자 하는 내가 사라진다. 눈앞에서 미소 짓고 있는 사람에게 "솔직히 쓸쓸하지?" 하고 묻는 것도 실례다. 하지만 언어만 본다면 눈에 보이는 표정이 없기에 반사적으로 추측하고 싶어지는 것이리라. 이모티콘은 '솔직히 쓸쓸하지?' 같은 쓸데없는 생각을 막아준다. 언어가 언어로서 순수하게 존재하는 것이 가능하다. 그리고 아마도 그러한 거리감이 가장 적당한 거리이리라.

"다들 너무 싫다"고 하는 사람이 좋다

 모두가 싫다고 눈으로 주장하는 사람에게 다가가고 싶다. 그보다 "아, 근데 너는 그렇게까지 싫지 않아"라는 말이 듣고 싶은 현상을 뭐라고 해야 할까. 별 관심이 없던 사람에서 다들 너무 싫다는 태도를 발견하면 괜스레 다가가고 싶어지고, 그런데 나도 싫어한다는 걸 확인하면 풀이 죽고 마니까, 솔직히 나도 이런 나를 잘 모르겠다.

 사랑받고 싶다면, 누구나 좋아할 만한, 그런 아이 곁으로 가면 된다고 믿었다. 그렇지만 "다들 싫어"라고 말하는 사람이 진짜처럼 보인다. 진짜를 말하고 있는 것처럼 들린다. 진짜에게 사랑받고 싶다, 진정한 의미에서 사랑받고 싶다고 바라게 된다. 요컨대 나는 누군가에게 사랑받고 싶어 하는 사람 치고는, 전부 다 싫기도 하지만, '싫어'라고 주장하는 사람을 보면 '진짜다'라고 믿게 된다. 진짜 중요한 부분은 아무것도 모른 채.

공격적인 사람, 자신을 지키려 하지 않는 사람은 어째서 '진짜'처럼 보일까. 그저 공감인가. '진짜'니 '진품'이니 하는 말로 상대를 파악하는 건, 그런 사람에게 공감한 자신이 '진짜다'라는 긍정을 얻고 싶어서일까. 파고들면 자아밖에 나오지 않는 나도 이제 익숙하다. 나는 언제나 살기 위해 필사적이다. 그리고 그렇기에 아마도, 인생에 필사적인 게 나쁜 건 아니라고 믿는다. 믿고 싶다. 믿어버리자. 그래서 여기에도 있는 그대로 쓰고 있다.

문고판 후기

지루한 인간입니다. 나에 대해 쭉 그렇게 생각하고 있다. 남들에게 들려줄 이야기도 없고, 친구들을 만나도 할 말이 없어서 맞장구만 치게 된다. "무슨 일 있어? 말이 없네"라거나 "지금 무슨 생각해?"라는 말을 들어도 난처하기만 하다. 길을 걸을 때나 잠자기 전에, 수많은 생각을 하지만 누구에게도 말할 수 없었다. 길가를 기어가는 지렁이 이야기, 긁힌 상처처럼 보이는 하늘의 광선 이야기. 아마도 다들 그런 것들을 생각할 텐데 어째서 전혀 이야기하지 않는지 신기했다. 재미나 뭣도 없지만 그저, 지렁이가 있었다, 아주 컸다 같은 이야기나, 저런 하늘 모양은 저녁때만 보이네, 라거나, 그런 이야기. 굳이 누군가에게 할 필요가 없는 말인지도 모른다. 다들 아이돌이나 선생님 소문으로 시끄러운 동안 '이야기할 필요가 없는 일'로 머릿속이 꽉 찬 내가 텅 빈 기분이 들어서 무서웠다.

이야기하고 싶은 일이었느냐 하면 그건 애매하다. 그래도 내 생각만 가지고는 다 사라지고 잊힌다는 사실이 무서워서, 사람과 사람이 사이좋게 지내는 것을 보면 부러워진다. 순간순간 남김없이 불타오르는 세상에게 걷어차일 때도 있고 위로받을 때도 있는데, 그럼에도 나는 텅 비었나? 머릿속은 이토록 바쁜데, 나는 내 머릿속의 전모조차 모른다. 지렁이를 보며 무슨 생각을 하는지 자세한 것은 모른다. 아무것도 모른다. 아무것도 모른 채, 전부 잊어가고 있었다. 나는 나로 있는 것만으로는 지루하다. 이도 저도 나를 지나쳐간다. 터널처럼 스쳐 지나가는 것을 바라보며, 잊어가고 있었다. 여기 무엇이 채워져 있는지, 어떤 세계와 이어져 있는지, 알지 못한 채.

그래서 글을 썼다.

이 에세이에 있는 말들. 항상 이런 생각을 하고 사는 건 아니다. 쓰면서 생각난 것들도 꽤 있다. 내가 글을 쓴다기보다, 언어가 나로 하여금 글을 쓰게 만든다고 생각할 때도 자주 있었다. 나라고 하는 인간이 어떤 인간이냐고 묻는다면, 역시 지루한 인간입니다, 라고 대답하리라. 하지만 지루한 내 생각이 언어에 닿을 때, 이미 누구의 기분인지도 모를 언어, 세계의 파편이나, 갑작스러운 바다의 냄새나, 그런 것들이 실타래처럼 뒤엉켜, 더는 내가 나로 있을 수 없었다. 그리고 그래서 나는 역시, 나의 인생이 재미있다고 생각할 수 있었다.

대화가 힘들고, 관계 맺기가 어려우며, 친한 사람을 만들고 싶다고 바란 적도 없다. 하지만 여기 있는 글을 읽어주는 사람이 있어서 기쁘다. 이 책을 골라줘서 고맙습니다. 나는, 오늘도 글을 씁니다.

너의 변명은 최고의 예술

초판 1쇄 인쇄 2022년 1월 24일 **초판 1쇄 발행** 2022년 2월 9일

지은이 사이하테 타히
옮긴이 정수윤
펴낸이 이승현

편집2 본부장 박태근
스토리 독자 팀장 김소연
책임 편집 곽선희
공동 편집 김해지 이은정
디자인 김준영

펴낸곳 ㈜위즈덤하우스 **출판등록** 2000년 5월 23일 제13-1071호
주소 서울특별시 마포구 양화로 19 합정오피스빌딩 17층
전화 02) 2179-5600 **홈페이지** www.wisdomhouse.co.kr

ISBN 979-11-6812-187-4 03830

* 이 책의 전부 또는 일부 내용을 재사용하려면 반드시 사전에 저작권자와
  ㈜위즈덤하우스의 동의를 받아야 합니다.
* 인쇄·제작 및 유통상의 파본 도서는 구입하신 서점에서 바꿔드립니다.
* 책값은 뒤표지에 있습니다.